제 가 먼 저 합 격 해 보 겠 습 니 다

**12** 시간으로 무조건 합격하는

# OPIc
# 러시아어
## 모의고사 IM

최수진 지음 ㅣ Svetlana Shchetinina 감수

S 시원스쿨닷컴

# OPIc 러시아어
## 모의고사 IM

**초판 1쇄 발행** 2021년 10월 19일

**지은이** 최수진
**펴낸곳** (주)에스제이더블유인터내셔널
**펴낸이** 양홍걸 이시원

**홈페이지** russia.siwonschool.com
**주소** 서울시 영등포구 국회대로74길 12 남중빌딩 시원스쿨
**교재 구입 문의** 02)2014-8151
**고객센터** 02)6409-0878

**ISBN** 979-11-6150-522-0
**Number** 1-540310-05059908-02

## OPIc 러시아어, 이제 시원스쿨과 함께하세요!

불과 몇 년 전까지만 해도 영어 말하기 평가인 줄만 알았던 OPIc을 러시아어로도 응시 가능하다는 사실을 아는 분들이 매우 적었습니다. 그런데 최근에 졸업, 취업, 승진, 주재원 파견 등 OPIc 시험 점수가 요구되는 경우가 늘어나면서 러시아어 학습자들 사이에서 OPIc 러시아어가 주목을 받기 시작했습니다. 하지만 문제 유형, 평가 방식, 답변 노하우에 대한 내용을 다룬 서적, 강의 등 학습 자료는 전무한 실정입니다. 그래서 어디서부터, 어떻게 OPIc 러시아어 시험을 준비해야 할지 막막해하는 학습자 분들에게 제가 길잡이가 되고, 저만의 OPIc 시험 노하우와 고득점을 위한 지름길을 공유하고자 이 책을 집필하게 되었습니다.

<OPIc 러시아어 모의고사 IM>은 수험자들이 반드시 알고 있어야 할 전반적인 시험 정보뿐만 아니라, 실제 시험과 가까운 형태의 실전 모의고사 형식으로 구성되었습니다. OPIc은 자연스럽고 편안하게, 그리고 조리 있게 말할 수 있는 능력을 테스트하는 시험입니다. 하지만 이를 위해서는 먼저 문제를 제대로 듣고 출제 의도를 정확하게 파악하는 것이 전제가 되어야 합니다. 안타깝게도 이렇게 할 시험 대비 교재가 없었기 때문에 그동안 학습자들은 답답한 마음으로 영어 OPIc 교재로만 겨우 문제를 유추하면서 시험을 준비할 수밖에 없었습니다. 이 책에서는 실제 시험 문제 유형이 반영된 러시아어 문장들을 알려 주고, 각 문제당 콤보 세트 분석과 출제될 만한 추가적인 세부 주제들을 함께 제시했습니다. 뿐만 아니라 모든 답변에는 본인만의 스크립트를 만들 수 있는 답변 전략과 해당 주제별로 유용하게 쓸 수 있는 필수 단어&표현들을 알차게 구성했습니다. 특히 모범 답변은 IM 등급뿐만 아니라 IH 등급을 목표로 하는 수험자들까지 고려하여 최대한 자세하고 구체적인 내용을 다뤘습니다.

'지피지기면 백전백승'이란 말처럼 <OPIc 러시아어 모의고사 IM>과 함께 철저하게 전략을 세운 후 OPIc에 응시해 보세요. 사전 설문조사에서 어떤 주제를 선택하는 것이 유리한지, 답변 구성 요령에는 어떤 것들이 있는지 정확하게 파악하고 응시한다면 단기간에 원하는 목표를 확실히 달성할 수 있을 겁니다. 그리고 시험장에서 무엇보다도 가장 중요한 것은 '할 수 있다는 자신감'입니다. 비록 자신 앞에 있는 대상은 컴퓨터지만, 컴퓨터가 아닌 친한 친구와 자연스럽게 대화한다는 상상을 해 보면 어떨까요? 편안한 마음으로 본인의 러시아어 실력을 마음껏 뽐내시길 바랍니다.

끝으로, 힘든 일정 속에서도 <OPIc 러시아어 모의고사 IM>이 최고의 OPIc 교재가 될 수 있도록 애써 주시고, 함께 고생해 주신 시원스쿨 러시아어에 감사의 말씀을 드립니다. 또한 항상 제게 무한한 사랑과 응원을 보내 주는 우리 가족들에게 깊은 사랑과 감사의 마음을 전합니다.

**OPIc에 응시하는 모든 분들의 목표 레벨 달성을 기원합니다!**

저자 최수진 (Masha)

# 차례

## Part 1   실전 모의고사

## Part 2   해설 및 모범 답변

# 나만의 학습 플랜

✏️ **나의 목표 등급**

✏️ **나의 응시 예정일**

✏️ **나의 공부 다짐**

## ⊘ 1주 완성   매일매일의 목표를 적고, 달성할 때마다 체크 박스에 표시해 보세요.

| День 1 __월 __일 | День 2 __월 __일 | День 3 __월 __일 | День 4 __월 __일 |
| --- | --- | --- | --- |
| ☐ | ☐ | ☐ | ☐ |
| ☐ | ☐ | ☐ | ☐ |
| ☐ | ☐ | ☐ | ☐ |
| ☐ | ☐ | ☐ | ☐ |
| ☐ | ☐ | ☐ | ☐ |

| День 5 __월 __일 | День 6 __월 __일 | День 7 __월 __일 | 📋 취약한 부분 체크하기 |
| --- | --- | --- | --- |
| ☐ | ☐ | ☐ | ☐ |
| ☐ | ☐ | ☐ | ☐ |
| ☐ | ☐ | ☐ | ☐ |
| ☐ | ☐ | ☐ | ☐ |
| ☐ | ☐ | ☐ | ☐ |

## ⊘ 2주 완성   매일매일의 목표를 적고, 달성할 때마다 체크 박스에 표시해 보세요.

| День 1 __월 __일 | День 2 __월 __일 | День 3 __월 __일 | День 4 __월 __일 |
| --- | --- | --- | --- |
| ☐ | ☐ | ☐ | ☐ |
| ☐ | ☐ | ☐ | ☐ |
| ☐ | ☐ | ☐ | ☐ |
| ☐ | ☐ | ☐ | ☐ |
| ☐ | ☐ | ☐ | ☐ |

| День 5 __월 __일 | День 6 __월 __일 | День 7 __월 __일 | День 8 __월 __일 |
| --- | --- | --- | --- |
| ☐ | ☐ | ☐ | ☐ |
| ☐ | ☐ | ☐ | ☐ |
| ☐ | ☐ | ☐ | ☐ |
| ☐ | ☐ | ☐ | ☐ |
| ☐ | ☐ | ☐ | ☐ |

| День 13 __월 __일 | День 14 __월 __일 | 📋 취약한 부분 체크하기 |
| --- | --- | --- |
| ☐ | ☐ | ☐ |
| ☐ | ☐ | ☐ |
| ☐ | ☐ | ☐ |
| ☐ | ☐ | ☐ |
| ☐ | ☐ | ☐ |

# 활용 가이드

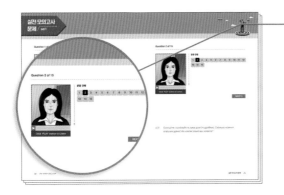

### 실전 모의고사 문제

실제 시험 화면과 동일하게 구성하여 시험 화면을 눈에 익힐 수 있고, 이를 통해 실전에서 긴장하지 않고 답변이 가능합니다. 또한 하단에는 주제별 대표 문제를 제공하여 문제를 눈으로 보면서 시험 상황을 머릿속에 그려 볼 수 있습니다.

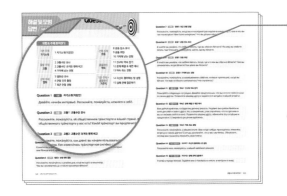

### 유형 & 주제 파악하기

간단한 표를 통하여 시험에서 출제되는 유형과 주제를 한눈에 볼 수 있습니다.

### 문제 미리 보기

1세트(Question 1~15) 문제를 미리 살펴봄으로써 구체적인 문제 구성과 흐름을 파악할 수 있습니다. 문제를 미리 확인하고 답변의 얼개를 짜 보면서 어떤 부분이 부족한지 미리 체크해 보세요.

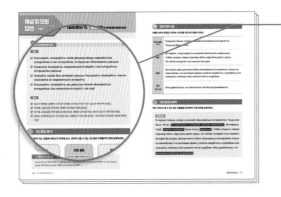

### 다양한 질문 제공

같은 주제라도 여러 형태의 문장으로 질문을 제공하여 다양한 질문을 접할 수 있도록 구성했습니다. 내용이 같더라도 단어나 표현 때문에 질문을 못 알아듣는 상황이 발생하지 않도록, 비슷한 내용의 여러 가지 질문을 제시합니다.

### 3단 콤보 분석

해당 질문이 어떠한 유형에 속하는지 파악하며 연이어 등장할 만한 3단 콤보 주제들까지 한꺼번에 살펴보세요.

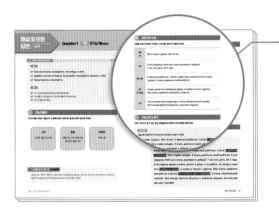

## 답변 전략 수립

답변을 구성하는 흐름을 보면서 답변 구성 전략을 세울 수 있습니다.

## 모범 답변 & 해석

언제, 어디서나 사용할 수 있는 만능 표현들을 참고하며 모범 답변을 살펴보고, 중요한 표현들을 머릿속에 저장해 보세요.

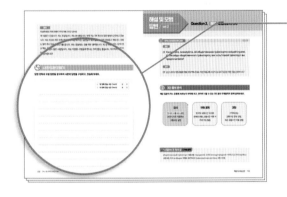

## 나만의 답변 만들기

답변 전략과 모범 답변을 참고하여 나만의 답변을 구성한 후 입으로 여러 번 연습해 보세요.

# OPIc 시험 정보

## 1. OPIc이란?

OPIc(Oral Proficiency Interview-Computer)은 컴퓨터를 기반으로 마치 면대면 면접을 보듯 수험자의 실질적인 외국어 말하기 능력을 측정하는 시험입니다. 단순히 문법이나 어휘 등을 얼마나 많이 알고 있는가를 측정하는 시험이 아니라, 실제 생활에서 얼마나 효과적이고 적절하게 언어를 사용할 수 있는가를 측정하는 객관적인 언어 평가 도구입니다. 시험 전 수험자는 Background Survey(사전 설문조사)의 항목을 선택해야 하며, 이에 맞추어 출제되는 가상 면접관의 질문에 스스로 답변을 녹음하는 방식으로 진행되는 수험자 친화형 외국어 말하기 평가입니다.

## 2. OPIc 시험의 특징

### ⊘ 수험자 맞춤형 시험

OPIc은 수험자에게 자신의 관심 주제를 선택하게 하여 주어지는 일련의 언어 수행 과제에 초점이 맞추어진 시험입니다. 다른 어학 시험의 문제 은행식 평가와 달리 본 시험에 앞서 Background Survey(하는 일, 경험, 관심 분야, 선호도 조사)와 Self Assessment(자가 평가, 본인의 외국어 말하기 수준 확인)를 진행하며, 이를 통해 수험자 개개인에게 맞춤형 문제를 제시합니다.

### ⊘ 수험자를 배려하는 시험

각 문항에 대한 질문을 최대 두 번씩 들을 수 있기 때문에 자칫하면 놓칠 수 있는 문제를 다시 한 번 확인하고 답변할 수 있습니다. 또한 전체 시험 시간은 총 40분이지만 각 문항에 대한 제한 시간이 없으므로 답변 시간을 스스로 조절할 수 있습니다. 시험 중반에 문제의 난이도를 조절할 수 있는 기회를 주어 수험자가 능동적으로 시험을 진행할 수 있습니다.

### ⊘ OPIc 평가 영역

총체적 평가 방식으로 실질적인 어학 능력을 측정하고, 수험자가 언제, 어디에서, 얼마나 오랫동안 외국어를 학습했는지보다는 수험자의 본질적인 언어 활용 능력을 평가합니다.

**Global Tasks / Functions**

언어로 어떤 과제를
수행할 수 있는지 판단

**Context / Content**

수험자가 과제를 수행하기 위해 사용하는
사회적인 문맥 및 내용의 범위

**Accuracy / Comprehensibility**

답변의 보편적 이해도, 정확성,
그리고 수용성을 의미

**Text Type**

수험자의 발화량 및
구조를 의미

## ⊘ OPIc 평가 방식

OPIc은 절대평가 방식으로 진행됩니다. 수험자가 녹음한 답변은 시험 주관인 ACTFL 공인 평가자(OPIc Rater)에게 전달되며, 평가자는 ACTFL의 말하기 기준(Proficiency Guidelines Speaking: Revised 2012)에 따라 평가되어 수험자에게 Novice Low에서 Advanced Low까지의 등급을 부여합니다.

## ⊘ 시험 응시 규정

개발 기관인 ACTFL의 시험 규정에 따라 수험자는 OPIc 시험을 최소 25일 간격으로 응시할 수 있습니다. 단, 150일(5개월)에 한 번씩은 날짜에 상관없이 연이어 시험에 응시할 수 있는 Waiver 기능이 있으니, 본인의 시험 응시 일정에 맞춰 이를 잘 활용하는 것을 권합니다.

*더 많은 자료는 www.opic.or.kr에서 확인하실 수 있습니다.

# OPIc 진행 순서와 등급 체계

## 오리엔테이션 ⏰ 약 20분

### ① Background Survey (사전 설문조사)

자신의 신분(학생, 직장인 등), 거주지, 여가 활동, 취미 등을 선택합니다.

### ② Self-Assessment (자가 평가)

6개 난이도의 샘플 답변을 듣고 자신에게 맞는 시험 문제의 난이도를 직접 선택합니다.

### ③ Pre-Test Setup (사전 테스트 설정)

화면 구성, 문항 청취 및 답변 방법 등 전반적인 시험 진행 방법이 안내되고, 답변 녹음 기능을 사전 점검합니다.

### ④ Sample Question (샘플 질문)

본 시험에 들어가기 전, 샘플 문제에 대한 답변을 합니다.

## 본 시험 ⏰ 약 40분

### ① 1st Session (본 시험 첫 번째 세션)

- 사전 설문조사 결과와 자가 평가에서 선택한 난이도를 바탕으로 문제가 출제됩니다.
- 약 7문제가 출제됩니다.
- 질문은 최대 2회까지 들을 수 있습니다.
- 한 문제당 답변 제한 시간은 없습니다.

### ② 난이도 재조정 (난이도 변경 옵션)

- 두 번째 세션 문제들의 난이도를 조정할 수 있습니다.
- 쉬운 질문, 비슷한 질문, 어려운 질문 중 하나를 선택합니다.

### ③ 2st Session (본 시험 두 번째 세션)

- 난이도 재조정 결과를 적용한 나머지 문제들이 출제됩니다.
- 첫 번째 세션과 동일한 시험 방식입니다.
- 약 5~8문제가 출제됩니다.

| NL | NM | NH | IL | IM | IH | AL |
|----|----|----|----|----|----|----|

취업/승진 시 일반적으로 가장 많이 요구되는 등급

| Level | | 레벨별 요약 설명 |
|-------|---|----------------|
| **Advanced** | **AL**<br>**(Advanced Low)** | ・사건을 서술할 때 일관적으로 동사 시제를 관리하고, 사람과 사물을 묘사할 때 다양한 형용사를 사용한다.<br>・적절한 위치에서 접속사를 사용하기 때문에 문장 간의 결속력도 높고 문단의 구조를 능숙하게 구성할 수 있다. 익숙하지 않은 복잡한 상황에서도 문제를 설명하고 해결할 수 있는 수준이다. |
| **Intermediate** | **IH**<br>**(Intermediate High)** | ・개인에게 익숙하지 않거나 예측하지 못한 복잡한 상황을 만났을 때, 대부분의 상황에서 사건을 설명하고 문제를 효과적으로 해결하곤 한다. 발화량이 많고 다양한 어휘를 사용한다. |
| | **IM**<br>**(Intermediate Mid)** | ・일상적인 소재뿐 아니라 개인적으로 익숙한 상황에서는 문장을 나열하며 자연스럽게 말할 수 있다.<br>・다양한 문장 형식이나 어휘를 실험적으로 사용하려고 하며 상대방이 조금만 배려해 주면 오랜 시간 대화가 가능하다. |
| | **IL**<br>**(Intermediate Low)** | ・일상적인 소재에서는 문장으로 말할 수 있다. 대화에 참여하고 선호하는 소재에 대해서는 자신감을 갖고 말할 수 있다. |
| **Novice** | **NH**<br>**(Novice High)** | ・일상적인 대부분의 소재에 대해서 문장으로 말할 수 있고, 개인 정보라면 질문을 하고 응답을 할 수 있다. |
| | **NM**<br>**(Novice Mid)** | ・이미 암기한 단어나 문장으로 말하기가 가능하다. |
| | **NL**<br>**(Novice Low)** | ・제한적인 수준이지만 외국어 단어를 나열하며 말할 수 있다. |

▶ Intermediate Mid의 경우 M1 < M2 < M3로 세분화하여 제공합니다.

# 시험 미리 보기

## 1. Background Survey (사전 설문조사) 미리 보기

본 시험을 보기 전 수험자에 대한 설문조사가 진행되며, 설문조사는 직업, 거주지, 여가 활동, 취미, 관심사, 스포츠, 여행에 대한 것을 묻습니다. 여기서 택한 주제들을 중심으로 본 시험의 문제가 출제됩니다.

### Part 1 of 4

현재 귀하는 어느 분야에 종사하고 계십니까?
- ○ 사업/회사
- ○ 재택근무/재택사업
- ○ 교사/교육자
- ○ 일/경험 없음

### Part 2 of 4

현재 당신은 학생입니까?
- ○ 예
- ○ 아니요

최근 어떤 강의를 수강했습니까?
- ○ 학위 과정 수업
- ○ 전문 기술 향상을 위한 평생 학습
- ○ 어학 수업
- ○ 수강 후 5년 이상 지남

### Part 3 of 4

현재 귀하는 어디에 살고 계십니까?
- ○ 개인 주택이나 아파트에 홀로 거주
- ○ 친구나 룸메이트와 함께 주택이나 아파트에 거주
- ○ 가족(배우자/자녀/기타 가족 일원)과 함께 주택이나 아파트에 거주
- ○ 학교 기숙사
- ○ 군대 막사

## Part 4 of 4

아래의 설문에서 총 12개 이상의 항목을 선택하십시오.

귀하는 여가 활동으로 주로 무엇을 하십니까? (두 개 이상 선택)
- □ 영화 보기
- □ 클럽/나이트 가기
- □ 공연 보기
- □ 콘서트 보기
- □ 박물관 가기
- □ 공원 가기
- □ 캠핑하기
- □ 해변 가기
- □ 스포츠 관람
- □ 주거 개선

귀하의 취미나 관심사는 무엇입니까? (한 개 이상 선택)
- □ 아이에게 책 읽어 주기
- □ 음악 감상하기
- □ 악기 연주하기
- □ 혼자 노래 부르거나 합창하기
- □ 춤추기
- □ 글쓰기(편지, 단문, 시 등)
- □ 그림 그리기
- □ 요리하기
- □ 애완동물 기르기

귀하는 주로 어떤 운동을 즐기십니까? (한 개 이상 선택)
- □ 농구
- □ 야구/소프트볼
- □ 축구

- ☐ 미식축구
- ☐ 하키
- ☐ 크리켓
- ☐ 골프
- ☐ 배구
- ☐ 테니스
- ☐ 배드민턴
- ☐ 탁구
- ☐ 수영
- ☐ 자전거
- ☐ 스키/스노우보드
- ☐ 아이스 스케이트
- ☐ 조깅
- ☐ 걷기
- ☐ 요가
- ☐ 하이킹/트레킹
- ☐ 낚시
- ☐ 헬스
- ☐ 운동을 전혀 하지 않음

**귀하는 어떤 휴가나 출장을 다녀온 경험이 있습니까? (한 개 이상 선택)**
- ☐ 국내출장
- ☐ 해외출장
- ☐ 집에서 보내는 휴가
- ☐ 국내여행
- ☐ 해외여행

## 2. Self-Assessment (자가 평가) 미리 보기

수험자가 스스로 시험의 난이도를 결정할 수 있습니다. 설문조사가 끝나면 1단계부터 6단계에 걸쳐 난이도가 제시되며, 수험자는 각각의 난이도에 해당되는 샘플 답변을 들어 본 후 본인이 원하는 난이도를 선택할 수 있습니다.

1　🔊 샘플 답변 듣기　나는 10단어 이하의 단어로 말할 수 있습니다.

2　🔊 샘플 답변 듣기　나는 기본적인 물건, 색깔, 요일, 음식, 의류, 숫자 등을 말할 수 있습니다. 나는 항상 완벽한 문장을 구사하지는 못하고 간단한 질문도 하기 어렵습니다.

3　🔊 샘플 답변 듣기　나는 나 자신, 직장, 친숙한 사람과 장소, 일상에 대한 기본적인 정보를 간단한 문장으로 전달할 수 있습니다. 간단한 질문을 할 수 있습니다.

4　🔊 샘플 답변 듣기　나는 나 자신, 일상, 일/학교, 취미에 대해 간단한 대화를 할 수 있습니다. 나는 이런 친숙한 주제와 일상에 대해 일련의 간단한 문장들을 쉽게 만들어 낼 수 있습니다. 내가 필요한 것을 얻기 위한 질문도 할 수 있습니다.

5　🔊 샘플 답변 듣기　나는 친숙한 주제와 가정, 일/학교, 개인 및 사회적 관심사에 대해 대화할 수 있습니다. 나는 일어난 일과 일어나고 있는 일, 일어날 일에 대해 문장을 연결하여 말할 수 있습니다. 필요한 경우 설명도 할 수 있습니다. 일상 생활에서 예기치 못한 상황이 발생하더라도 임기응변으로 대처할 수 있습니다.

6　🔊 샘플 답변 듣기　나는 일/학교, 개인적인 관심사, 시사 문제에 대한 어떤 대화나 토론에도 자신 있게 참여할 수 있습니다. 나는 대부분의 주제에 관해 높은 수준의 정확성과 폭넓은 어휘로 상세히 설명할 수 있습니다.

# OPIc은 이렇게 출제된다!

## 자기소개

난이도에 상관없이 OPIc 시험에서 맨 처음에 출제되는 문항으로, 자기소개를 하는 문제 유형입니다. 미리 준비한 자기소개 내용을 자연스럽게 이야기하면서 긴장도 풀고, 첫 문항부터 기세를 몰아 스스로 자신감을 얻는 시간으로 활용하면 좋습니다.

## 선택 주제 문제

Background Survey에서 수험자가 선택한 항목에 기반하여 출제되는 문항입니다. 선택한 모든 항목에 대해 나오는 것이 아니라 그중 일부에 대해 직업(학생/직장인), 거주지, 기타(여가 활동/취미 및 관심사/운동/휴가) 등에 관해 출제됩니다. 기존에는 3~4개 가량의 주제가 출제되었지만, 최근에는 설문 관련 문제의 개수는 줄어들고 대신 돌발 문제가 증가하는 추세입니다.

## 돌발 주제 문제

수험자가 Background Survey에서 선택하지 않은 주제에 대한 문제가 예고 없이 나오는 경우를 '돌발 주제 문제'라고 합니다. 사회·문화 등과 연관된 주제가 자주 출제되고, 높은 난이도를 선택할수록 돌발 주제 문항이 나올 확률이 높습니다.

## 롤플레이 문제

롤플레이란 가상의 상황을 설정해 주고 수험자가 그에 맞게 답변하는 문제 유형입니다. 평균적으로 2~3문제 정도가 출제되며, 주어진 상황에 알맞은 답변을 하는 순발력과 적절하게 감정을 표현하는 능력이 중요합니다. 면접관에게 직접 질문하거나 또는 주어진 상황과 관련된 문제 상황을 해결하는 등의 유형도 자주 출제됩니다.

## 콤보 문제

OPIc은 보통 한 주제에 대해 2~3개의 문제들이 연달아 나오는 것이 특징입니다. 그러므로 첫 번째 문제에서 너무 많은 내용을 이야기하지 않는 것이 좋습니다. 두 번째, 세 번째 문제에 대해서도 다양하고 구체적인 답변을 할 수 있도록 대답할 만한 주요 사항을 나누어 이야기하는 연습이 필요합니다.

# OPIc 이렇게 준비하자!

## ✈ Background Survey 주제 선택 Tip

사전 설문조사에서 어떤 주제를 선택하는지에 따라 평가 문항과 시험 범위가 달라지므로 설문조사에 보다 전략적으로 접근할 필요가 있습니다. 아래 팁들을 참고하여 자신에게 유리한 질문이 나올 수 있도록 연습해 봅시다.

### 1. 직업

☑ 일/경험 없음

**Tip** 실제로 본인이 일을 하고 있다 해도, '일/경험 없음'을 선택하면 직업이나 업무 관련 질문 출제 가능성을 줄일 수 있습니다.

### 2. 학생 유무

☑ 아니오

☑ 수강 후 5년 이상 지남

**Tip** 수험자의 신분은 학생이 아닌 것으로 선택하고, 수강 기간도 오래되었다고 선택하면 학업 또는 전공에 관한 구체적인 질문을 피할 수 있습니다.

### 3. 거주지

☑ 개인 주택이나 아파트에 홀로 거주

**Tip** 함께 거주하고 있는 사람이 없는 항목을 선택해야 거주 관련 문제가 비교적 단순한 유형으로 출제됩니다.

### 4. 여가 활동

☑ 영화 보기

☑ 공연 보기

☑ 콘서트 보기

☑ 공원 가기

☑ 해변 가기

**Tip** 효율적으로 OPIc의 답변을 준비하려면, 비슷한 주제를 선택하는 것이 좋습니다. 예를 들어, '영화 보기, 공연 보기, 콘서트 보기'와 같이 관람과 관련된 유사 활동들을 하나의 항목으로 묶어 답변을 준비하면, 적은 내용으로 비슷한 주제의 질문들을 대비하기 쉽습니다.

### 5. 취미 및 관심사

☑ 음악 감상하기

> **Tip** 가장 무난하고 보편적인 취미 활동인 '음악 감상하기'는 빈출 주제이고, 비교적 답변하기에 어렵지 않은 문제가 출제되므로 반드시 선택하는 것이 유리합니다.

### 6. 운동

☑ 자전거

☑ 조깅

☑ 걷기

☑ 운동을 전혀 하지 않음

> **Tip** 구기 종목이나 팀워크를 통해 이루어지는 운동보다는 개인적으로 손쉽게 할 수 있는 유산소 운동 위주로 선택해야 답변이 용이합니다. 또한 '운동을 전혀 하지 않음'을 선택하면 불필요하게 다른 주제를 더 고르지 않아도 됩니다.

### 7. 여행 및 출장

☑ 집에서 보내는 휴가

☑ 국내여행

☑ 해외여행

> **Tip** 국내여행과 해외여행은 장소 묘사를 비롯하여 비슷한 내용으로 답변을 준비할 수 있으므로 함께 선택하는 것이 좋습니다. '집에서 보내는 휴가'는 답변에 사용되는 어휘가 비교적 쉬운 편이고, 돌발 주제로 종종 나오는 '집안일'에 관한 내용과도 연결되기 때문에 한꺼번에 준비할 수 있습니다.

## ✦ Self-Assessment 난이도 설정 Tip

많은 수험자들이 자주 오해하는 부분이 1단계를 선택할 경우 높은 레벨을 받기 쉽다고 생각하는 것입니다. 하지만 최소한 IM 이상의 등급을 목표로 한다면 1, 2단계는 피하고 일반적으로 3, 4단계를 선택하시기를 권장합니다. 또한 시험 중간 난이도 조정 시 난이도를 유지하는 것을 추천합니다.

- **난이도 1~2 선택**  주로 NH 수준의 수험자들이 많이 선택하는 단계로, 문제는 12개가 출제됩니다. NH가 목표거나 듣기 실력이 부족하다면 이 단계를 선택하는 것을 권합니다.

- **난이도 3~4 선택**  묘사, 설명, 경험 등에 걸쳐 일반적인 3단 콤보 구성으로 문제들이 출제되고, IL 등급을 목표로 한다 해도, 난이도 2보다는 3을 선택하는 것을 추천합니다.

- **난이도 5~6 선택**  중급 이상 수준의 말하기 기술을 요하는 문제 해결, 의견 제시, 비교 등의 문제 유형들이 자주 출제됩니다.

# OPIc 시험 실전 꿀Tip

## 1. 시험 시작 전

### ⟡ 시험 장소와 분위기

일반적으로 시험 장소는 2일 전까지 접수가 가능하지만 수험자가 원하는 장소나 시간대를 선택하기 위해서는 미리 시험 일정을 확인하는 것이 좋습니다. 조용한 환경에서 응시하고 싶다면, 사람들이 붐비는 주말을 피해 평일로 접수하는 것도 하나의 방법입니다. 또한 OPIc 시험은 언어별로 장소를 따로 구분하지 않기 때문에, 시험장에서 영어를 비롯하여 다양한 외국어가 들릴 수 있다는 점도 참고하세요.

### ⟡ 시험 준비물

수험표와 규정 신분증(주민등록증, 운전면허증, 기간 만료 전 여권 등)을 미리 챙기는 것이 중요합니다. 수험표는 필수가 아닌 참고용이지만, 규정 신분증은 신분 확인이 반드시 필요하기 때문에 미지참 시 응시할수 없습니다. 또한 OPIc은 말하기 시험이므로 필기도구는 필요하지 않습니다. 시험 시작 후에는 책상 위에 휴대폰을 비롯한 전자기기, 메모지, 서적, 식음료 등 어떠한 물품도 있어서는 안 됩니다.

## 2. 시험 시작 후

### ⟡ 문제 출제 순서

일반적으로 OPIc 시험은 기본 주제, 선택 주제, 돌발 주제, 롤플레이 형식으로 문제가 구성됩니다. 그러나 문제 출제 순서는 '자기소개'가 가장 첫 번째로 출제된다는 점을 제외하고는 기본적으로 무작위로 출제됩니다. 게다가 의외로 시험 초반에 돌발 주제 문제가 종종 등장하므로, 시험 전반부에 돌발 주제 문제가 나오더라도 당황하지 않도록 꾸준한 듣기 연습과 철저한 돌발 문제 대비가 필요합니다.

### ⟡ 면접관의 음성 정보

OPIc 공식 홈페이지에서 제공되는 샘플 테스트에서 확인할 수 있듯이, 기본적으로 면접관의 음성은 여성입니다. 그런데 실제 시험에서 한 명이 아닌 복수 면접관의 음성으로 문제가 출제되는 경우도 있다는 점을 꼭 기억하셔야 합니다. 처음부터 끝까지 면접관이 한 명일 수도 있고, 하나의 문제에서 중간에 다른 면접관의 음성으로 갑자기 바뀌기도 합니다. 이로 인해 당황하여 제대로 답변을 하지 못하는 경우도 있으므로 이 점을 미리 숙지할 필요가 있습니다.

### ⟡ 두 번의 질문 청취 기회 활용

질문을 들을 수 있는 기회가 최대 두 번이므로, 반드시 각 질문당 두 번씩 들으며 질문에 나온 문장을 최대한 기억해야 합니다. 문제를 처음 들을 때에는 문제의 핵심을 파악하는 데 중점을 두고, 두 번째에는 문제 키워드를 확인하며 머릿속으로 답변에 들어갈 이야기를 구성해 봅니다. 질문에 나온 문장을 답변에 그대로 활용할 수도 있으니 질문 문장도 허투루 흘려들으면 안 되겠죠? 단순히 '언제, 어디서, 어떻게' 등과 같은 질문이 나오기도 하지만, 답변에 활용할 만한 예시, 어휘, 표현이 질문에 포함되어 있을 수 있으므로 질문도 주의 깊게 듣고 파악하는 것이 필요합니다.

## 3. 최고의 답변 전략

### ⊘ 최대한 구체적인 정보 전달하기!

주어진 질문에 단순하게 답변하는 것보다는 최대한 구체적으로 살을 붙여 나가는 연습을 해야 합니다. 하나의 답변 안에 다양하고 많은 정보가 들어갈수록 더 높은 점수를 받을 수 있다는 점을 꼭 기억해 주세요.

예) 최근에 영화관에 다녀온 경험 이야기하기

### ⊘ 문장 간 멈춤 시간 최소화하기!

답변 내용에 문장 수를 많이 채우거나, 발화량이 무조건 많아야만 고득점을 할 수 있는 것은 아닙니다. 하지만 문장과 문장 사이에 멈춤 시간이 지나치게 길어진다면, 이는 감점으로 이어질 수 있습니다. 면접관 입장에서는 답변 이해도가 떨어지고, 논리적으로 내용이 이어지지 않는다고 판단할 수 있으니 이 점에 특히 주의하셔야 합니다. 따라서 한 문장을 말할 때 그 다음에는 어떤 문장을 이어서 말할지 생각하면서 준비하는 것이 좋습니다.

### ⊘ 롤플레이 적극 활용하기!

롤플레이 문제는 주어진 상황에 맞춰 그야말로 연기를 한다고 생각하시면 됩니다. 특히 '상대방에게 질문을 하는 능력이 있다는 것'을 면접관에게 보여 줘야 IM 이상의 등급을 받을 수 있습니다. 질문을 하려면 문제에서 요구하는 내용을 잘 파악해야 하고, 러시아어로 의문문을 정확하게 만들 수 있어야 합니다. OPIc 문제 유형 중에 가장 어렵다고 꼽는 것이 바로 '문제 상황 해결하기' 유형입니다. 각 주제마다 유사한 상황과 해결해야 할 문제가 등장하기 때문에 답변에는 '문제 상황 설명과 대안 제시'가 반드시 포함되어야 합니다.

## ⊘ 지나치게 암기한 티가 나는 답변은 피하기!

답변을 할 때 동일한 내용의 문장이나 표현을 자주 반복하거나 스크립트 자체를 암기한 듯한 느낌이 나면 낮은 레벨을 받을 확률이 높습니다. 처음부터 끝까지 전체 스크립트 내용을 완벽하게 외우기보다는 대략적인 생각의 흐름과 표현을 익히는 학습 방법을 추천합니다. 또한 답변 시 적당한 추임새를 적극 활용하여 최대한 감정을 살려 가며 이야기하는 것도 자연스러운 답변을 완성하는 데 도움이 됩니다.

## ⊘ 암기한 내용에 너무 집착하지 않기!

미리 준비한 스크립트의 내용이나 표현 등이 갑자기 생각나지 않을 경우에는 핵심 내용이 전달될 수 있는 가장 유사한 단어와 표현들로 대체하여 답변하는 것이 좋습니다. 외운 답변에 너무 집착하면 시간이 지체되거나, 오히려 틀린 문장만 줄곧 나열하게 되는 상황이 발생하므로 적당히 답변한 후에 과감히 다음 문제로 넘어가야 실수를 줄일 수 있습니다.

OPIc
러시아어
모의고사 IM

# Part 1

# 실전 모의고사

## Question 1 of 15

Click 'PLAY' button to Listen

**문항 진행**

| 1 | 2 | 3 | 4 | 5 | 6 | 7 | 8 | 9 | 10 | 11 | 12 |
|---|---|---|---|---|---|---|---|---|----|----|----|

| 13 | 14 | 15 |
|----|----|----|

NEXT >

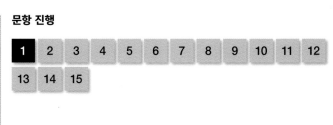

Расскажи́те мне, пожа́луйста, что́-нибудь о себе́.

**문항 진행**

| 1 | 2 | 3 | 4 | 5 | 6 | 7 | 8 | 9 | 10 | 11 | 12 |
|---|---|---|---|---|---|---|---|---|----|----|----|

| 13 | 14 | 15 |
|----|----|----|

Click 'PLAY' button to Listen

NEXT >

🔊 Опиши́те, пожа́луйста, ваш дом (подро́бно). Ско́лько ко́мнат в ва́шем до́ме? На како́м этаже́ вы живёте?

**문항 진행**

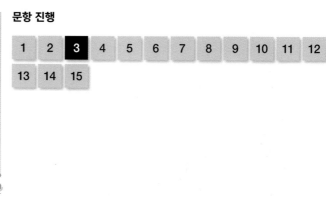

NEXT >

🔊 Расскажи́те, пожа́луйста, кака́я ра́зница ме́жду ва́шим ны́нешним до́мом и до́мом, в кото́ром вы жи́ли ра́ньше.

**문항 진행**

| 1 | 2 | 3 | **4** | 5 | 6 | 7 | 8 | 9 | 10 | 11 | 12 |
| 13 | 14 | 15 |

Click 'PLAY' button to Listen

NEXT >

 Расскажи́те, пожа́луйста, о ва́ших сосе́дях. Каки́е у вас
с ни́ми отноше́ния? Как ча́сто вы встреча́етесь с ни́ми?
Чем вы обы́чно с ни́ми занима́етесь?

**Question 5 of 15**

**문항 진행**

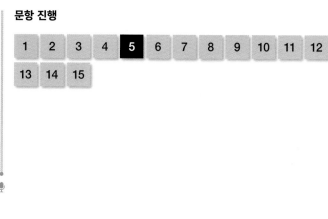

| 1 | 2 | 3 | 4 | **5** | 6 | 7 | 8 | 9 | 10 | 11 | 12 |
|---|---|---|---|---|---|---|---|---|---|---|---|
| 13 | 14 | 15 | | | | | | | | | |

NEXT >

В анке́те вы указа́ли, что лю́бите ходи́ть в парк. Расскажи́те, пожа́луйста, о па́рке, в кото́рый вы ча́сто хо́дите.
Когда́ и с кем вы обы́чно хо́дите туда́?

▶
Click 'PLAY' button to Listen

**문항 진행**

| 1 | 2 | 3 | 4 | 5 | 6 | 7 | 8 | 9 | 10 | 11 | 12 |
| 13 | 14 | 15 |

NEXT >

🔊) Расскажи́те, пожа́луйста, чем вы обы́чно занима́етесь
в па́рке, в кото́рый ча́сто хо́дите.

**문항 진행**

| 1 | 2 | 3 | 4 | 5 | 6 | 7 | 8 | 9 | 10 | 11 | 12 |
|---|---|---|---|---|---|---|---|---|----|----|----|

| 13 | 14 | 15 |
|----|----|----|

NEXT >

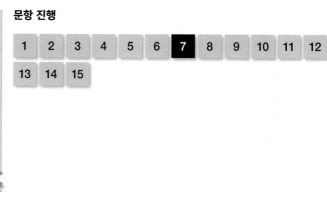

Расскажи́те, пожа́луйста, когда́ вы в после́дний раз ходи́ли в парк. Когда́ и с кем вы ходи́ли туда́? Чем вы там занима́лись?

**문항 진행**

| 1 | 2 | 3 | 4 | 5 | 6 | 7 | **8** | 9 | 10 | 11 | 12 |
| 13 | 14 | 15 |

▶
Click 'PLAY' button to Listen

NEXT >

🔊 В анке́те вы указа́ли, что лю́бите путеше́ствовать за грани́цу. Расскажи́те, пожа́луйста, о ме́сте, куда́ вам нра́вится е́здить за рубежо́м. Опиши́те э́то ме́сто подро́бно и объясни́те, почему́ вы лю́бите е́здить туда́.

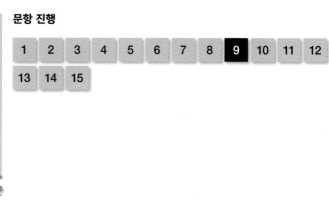

**문항 진행**

| 1 | 2 | 3 | 4 | 5 | 6 | 7 | 8 | **9** | 10 | 11 | 12 |
| 13 | 14 | 15 |

NEXT >

Как вы обы́чно гото́витесь к путеше́ствию? Чем вы обы́чно занима́етесь пе́ред путеше́ствием? Каки́е ве́щи вы берёте с собо́й?

▶
Click 'PLAY' button to Listen

**문항 진행**

| 1 | 2 | 3 | 4 | 5 | 6 | 7 | 8 | 9 | 10 | 11 | 12 |
|---|---|---|---|---|---|---|---|---|----|----|----|
| 13 | 14 | 15 | | | | | | | | | |

NEXT >

🔊))  Расскажи́те, пожа́луйста, о незабыва́емом собы́тии, кото́рое
произошло́, когда́ вы путеше́ствовали за грани́цу. Что вам
осо́бенно запо́мнилось? Что случи́лось?

**문항 진행**

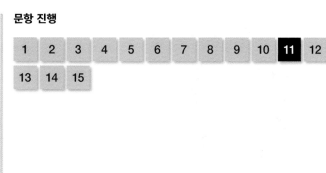

NEXT >

Разыгра́йте сле́дующую ситуа́цию. Дава́йте предположим, что вы хоти́те купи́ть но́вую ме́бель. Зада́йте 3-4 вопро́са продавцу́ о ме́бели, кото́рую вы хоти́те купи́ть.

Click 'PLAY' button to Listen

**문항 진행**

| 1 | 2 | 3 | 4 | 5 | 6 | 7 | 8 | 9 | 10 | 11 | 12 |
|---|---|---|---|---|---|---|---|---|----|----|----|

| 13 | 14 | 15 |
|----|----|----|

NEXT >

Вам на́до реши́ть пробле́му, кото́рая у вас возни́кла.
Вам доста́вили ме́бель, кото́рую вы заказа́ли.
Оказа́лось, что э́та ме́бель вам не подхо́дит.
Позвони́те в ме́бельный магази́н, объясни́те э́ту ситуа́цию
и спроси́те, что они́ мо́гут сде́лать для вас.

**문항 진행**

NEXT >

Расскажи́те, пожа́луйста, о ва́шем о́пыте. Вы когда́-нибу́дь бы́ли недово́льны чем-то, что купи́ли, и́ли каки́ми-ли́бо услу́гами, кото́рыми вы по́льзовались? Éсли да, расскажи́те, что у вас случи́лось и как вы реши́ли э́ту пробле́му.

▶

Click 'PLAY' button to Listen

문항 진행

| 1 | 2 | 3 | 4 | 5 | 6 | 7 | 8 | 9 | 10 | 11 | 12 |
| 13 | 14 | 15 |

NEXT >

🔊) Расскажи́те, пожа́луйста, о са́йте, кото́рый вы ча́сто посеща́ете. Когда́ и почему́ вы лю́бите по́льзоваться э́тим са́йтом?

# 실전 모의고사
## 문제 / set 1

**문항 진행**

| 1 | 2 | 3 | 4 | 5 | 6 | 7 | 8 | 9 | 10 | 11 | 12 |

| 13 | 14 | **15** |

NEXT >

🔊) Расскажи́те, пожа́луйста, кака́я ра́зница ме́жду совреме́нным интерне́том и тем интерне́том, кото́рым вы по́льзовались ра́ньше.

## Question 1 of 15

**문항 진행**

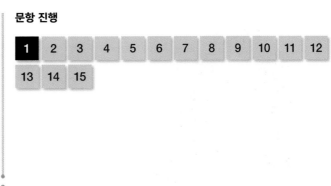

NEXT >

🔊) Дава́йте начнём интервью́. Расскажи́те, пожа́луйста,
немно́го о себе́.

**Question 2 of 15**

**문항 진행**

NEXT >

Расскажи́те, пожа́луйста, об обще́ственном тра́нспорте в ва́шей стране́. Каки́е ви́ды обще́ственного тра́нспорта у вас есть? Како́й тра́нспорт вы предпочита́ете?

**문항 진행**

| 1 | 2 | **3** | 4 | 5 | 6 | 7 | 8 | 9 | 10 | 11 | 12 |
| 13 | 14 | 15 |

Click 'PLAY' button to Listen

NEXT >

Расскажи́те, пожа́луйста, как давно́ вы на́чали по́льзоваться обще́ственным тра́нспортом. Как измени́лась тра́нспортная систе́ма с тех пор?

**문항 진행**

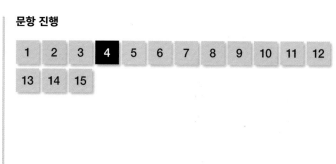

NEXT >

◀)) Расскажи́те, пожа́луйста, о незабыва́емом собы́тии, кото́рое произошло́, когда́ вы по́льзовались обще́ственным тра́нспортом. Что случи́лось? Где и когда́ э́то произошло́? Что вам осо́бенно запо́мнилось?

▶
Click 'PLAY' button to Listen

**문항 진행**

| 1 | 2 | 3 | 4 | **5** | 6 | 7 | 8 | 9 | 10 | 11 | 12 |

| 13 | 14 | 15 |

NEXT >

◀))   В анке́те вы указа́ли, что вы лю́бите ходи́ть в кинотеа́тр.
Опиши́те кинотеа́тр, кото́рый вам бо́льше всего́ нра́вится.

**Question 6 of 15**

**문항 진행**

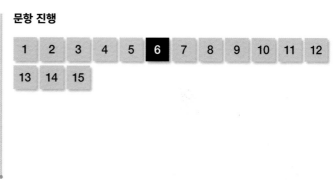

| 1 | 2 | 3 | 4 | 5 | 6 | 7 | 8 | 9 | 10 | 11 | 12 |

| 13 | 14 | 15 |

NEXT >

🔊 Расскажи́те, пожа́луйста, о режи́ме дня, когда́ вы идёте в кинотеа́тр. Чем вы занима́етесь до и по́сле просмо́тра фи́льма?

## Question 7 of 15

Click 'PLAY' button to Listen

**문항 진행**

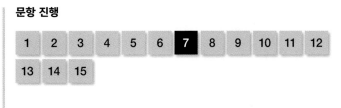

| 1 | 2 | 3 | 4 | 5 | 6 | **7** | 8 | 9 | 10 | 11 | 12 |

| 13 | 14 | 15 |

NEXT >

Расскажи́те, пожа́луйста, когда́ вы в после́дний раз ходи́ли в кинотеа́тр. С кем и что вы там посмотре́ли? Вам бы́ло интере́сно? Что вы де́лали по́сле?

**Question 8 of 15**

Click 'PLAY' button to Listen

**문항 진행**

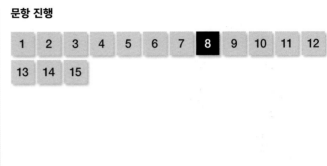

| 1 | 2 | 3 | 4 | 5 | 6 | 7 | 8 | 9 | 10 | 11 | 12 |

| 13 | 14 | 15 |

NEXT >

В анке́те вы указа́ли, что лю́бите бе́гать. Где вы обы́чно бе́гаете? Почему́ вы лю́бите бе́гать там? Опиши́те, пожа́луйста, ме́сто, где вы бе́гаете.

**문항 진행**

| 1 | 2 | 3 | 4 | 5 | 6 | 7 | 8 | 9 | 10 | 11 | 12 |

| 13 | 14 | 15 |

Click 'PLAY' button to Listen

NEXT >

В анке́те вы указа́ли, что лю́бите бе́гать. Когда́, где и с кем вы обы́чно бе́гаете? Чем вы занима́етесь, когда́ бе́гаете? Как до́лго вы бе́гаете?

**Question 10 of 15**

**문항 진행**

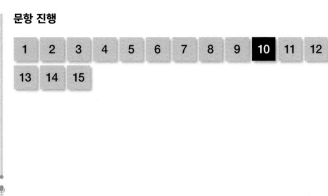

| 1 | 2 | 3 | 4 | 5 | 6 | 7 | 8 | 9 | 10 | 11 | 12 |

| 13 | 14 | 15 |

NEXT >

Расскажи́те, пожа́луйста, о незабыва́емом собы́тии, кото́рое произошло́, когда́ вы бе́гали. Что вам осо́бенно запо́мнилось? Что случи́лось?

▶

Click 'PLAY' button to Listen

**문항 진행**

| 1 | 2 | 3 | 4 | 5 | 6 | 7 | 8 | 9 | 10 | 11 | 12 |

| 13 | 14 | 15 |

NEXT >

📢)) Разыгра́йте сле́дующую ситуа́цию. Дава́йте предполо́жим, что вы хоти́те пойти́ в кино́ со свои́м дру́гом. Позвони́те ва́шему дру́гу и зада́йте 3-4 вопро́са о ва́шей встре́че.

문항 진행

Click 'PLAY' button to Listen

NEXT >

🔊 Вам даётся проблéма, котóрую вы должны́ реши́ть. Недáвно вы купи́ли биле́ты в кинó для себя́ и своегó дрýга. Но, к сожале́нию, у вас случи́лось чтó-то срóчное и вы не смóжете пойти́ в кинó. Позвони́те вáшему дрýгу, объясни́те э́ту ситуáцию и предложи́те 2-3 вариáнта реше́ния проблéмы.

**문항 진행**

| 1 | 2 | 3 | 4 | 5 | 6 | 7 | 8 | 9 | 10 | 11 | 12 |
|---|---|---|---|---|---|---|---|---|----|----|----|

| 13 | 14 | 15 |
|----|----|----|

Click 'PLAY' button to Listen

NEXT >

Расскажи́те, пожа́луйста, о ва́шем о́пыте. Вам когда́-нибу́дь приходи́лось отменя́ть встре́чу со свои́м дру́гом? Е́сли да, расскажи́те, что у вас случи́лось. Объясни́те, почему́ вам пришло́сь поменя́ть свои́ пла́ны.

**문항 진행**

| 1 | 2 | 3 | 4 | 5 | 6 | 7 | 8 | 9 | 10 | 11 | 12 |

| 13 | **14** | 15 |

▶
Click 'PLAY' button to Listen

NEXT >

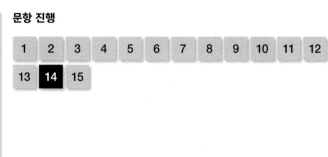 Расскажи́те мне, пожа́луйста, о ва́шей люби́мой ко́мнате.

**문항 진행**

| 1 | 2 | 3 | 4 | 5 | 6 | 7 | 8 | 9 | 10 | 11 | 12 |
|---|---|---|---|---|---|---|---|---|----|----|----|
| 13 | 14 | **15** | | | | | | | | | |

NEXT >

▶) Я живу́ в го́роде Москва́. Зада́йте мне 3-4 вопро́са о ме́сте, в кото́ром я живу́.

OPIc
러시아어
모의고사 IM

# Part 2

# 해설 및 모범 답변

## 유형 & 주제 파악하기

| 기본 주제 자기 소개 | 1 자기소개(학생) | 선택 주제 해외여행 | 8 여행지 묘사 9 여행 가기 전 활동 10 기억에 남는 경험 |
|---|---|---|---|
| 기본 주제 거주지 | 2 집 묘사 3 과거와 현재의 집 비교 4 이웃과의 관계 | 롤플레이 구매 | 11 가구 구매 12 문제 해결 & 대안 제시 13 구매 관련 경험 |
| 선택 주제 공원 | 5 공원 묘사 6 주로 하는 활동 7 최근에 공원 간 경험 | 돌발 주제 인터넷 | 14 자주 이용하는 웹 사이트 설명 15 과거와 현재의 인터넷 비교 |

### Question 1 [기본] 자기소개(학생)

Расскажи́те мне, пожа́луйста, что́-нибудь о себе́.

### Question 2 [기본] 거주지1: 집 묘사

Опиши́те, пожа́луйста, ваш дом (подро́бно). Ско́лько ко́мнат в ва́шем до́ме? На како́м этаже́ вы живёте?

### Question 3 [기본] 거주지2: 과거와 현재의 집 비교

Расскажи́те, пожа́луйста, кака́я ра́зница ме́жду ва́шим ны́нешним до́мом и до́мом, в кото́ром вы жи́ли ра́ньше.

### Question 4 [기본] 거주지3: 이웃과의 관계

Расскажи́те, пожа́луйста, о ва́ших сосе́дях. Каки́е у вас с ни́ми отноше́ния? Как ча́сто вы встреча́етесь с ни́ми? Чем вы обы́чно с ни́ми занима́етесь?

### Question 5 [선택] 공원1: 공원 묘사

В анке́те вы указа́ли, что лю́бите ходи́ть в парк. Расскажи́те, пожа́луйста, о па́рке, в кото́рый вы ча́сто хо́дите. Когда́ и с кем вы обы́чно хо́дите туда́?

### Question 6 [선택] 공원2: 주로 하는 활동

Расскажи́те, пожа́луйста, чем вы обы́чно занима́етесь в па́рке, в кото́рый ча́сто хо́дите.

**Question 7** `선택` **공원3: 최근에 공원 간 경험**

Расскажи́те, пожа́луйста, когда́ вы в после́дний раз ходи́ли в парк. Когда́ и с кем вы ходи́ли туда́? Чем вы там занима́лись?

**Question 8** `선택` **해외여행1: 여행지 묘사**

В анке́те вы указа́ли, что лю́бите путеше́ствовать за грани́цу. Расскажи́те, пожа́луйста, о ме́сте, куда́ вам нра́вится е́здить за рубежо́м. Опиши́те э́то ме́сто подро́бно и объясни́те, почему́ вы лю́бите е́здить туда́.

**Question 9** `선택` **해외여행2: 여행 가기 전 활동**

Как вы обы́чно гото́витесь к путеше́ствию? Чем вы обы́чно занима́етесь пе́ред путеше́ствием? Каки́е ве́щи вы берёте с собо́й?

**Question 10** `선택` **해외여행3: 기억에 남는 경험**

Расскажи́те, пожа́луйста, о незабыва́емом собы́тии, кото́рое произошло́, когда́ вы путеше́ствовали за грани́цу. Что вам осо́бенно запо́мнилось? Что случи́лось?

**Question 11** `롤플레이1` **구매1: 가구 구매**

Разыгра́йте сле́дующую ситуа́цию. Дава́йте предполо́жим, что вы хоти́те купи́ть но́вую ме́бель. Зада́йте 3-4 вопро́са продавцу́ о ме́бели, кото́рую вы хоти́те купи́ть.

**Question 12** `롤플레이2` **구매2: 문제 해결 & 대안 제시**

Вам на́до реши́ть пробле́му, кото́рая у вас возни́кла. Вам доста́вили ме́бель, кото́рую вы заказа́ли. Оказа́лось, что э́та ме́бель вам не подхо́дит. Позвони́те в ме́бельный магази́н, объясни́те э́ту ситуа́цию и спроси́те, что они́ мо́гут сде́лать для вас.

**Question 13** `롤플레이3` **구매3: 구매 관련 경험**

Расскажи́те, пожа́луйста, о ва́шем о́пыте. Вы когда́-нибу́дь бы́ли недово́льны чем-то, что купи́ли, и́ли каки́ми-ли́бо услу́гами, кото́рыми вы по́льзовались? Е́сли да, расскажи́те, что у вас случи́лось и как вы реши́ли э́ту пробле́му.

**Question 14** `돌발` **인터넷1: 자주 이용하는 웹 사이트 설명**

Расскажи́те, пожа́луйста, о са́йте, кото́рый вы ча́сто посеща́ете. Когда́ и почему́ вы лю́бите по́льзоваться э́тим са́йтом?

**Question 15** `돌발` **인터넷2: 과거와 현재의 인터넷 비교**

Расскажи́те, пожа́луйста, кака́я ра́зница ме́жду совреме́нным интерне́том и тем интерне́том, кото́рым вы по́льзовались ра́ньше.

## Question 1.  기본 자기소개(학생)

 **OPIc 러시아어 IM 강의**  〔3강〕

### 질문

- ☑ Расскажи́те мне, пожа́луйста, что́-нибудь о себе́.
- ☑ Дава́йте начнём интервью́. Расскажи́те, пожа́луйста, немно́го о себе́.
- ☑ Предста́вьтесь, пожа́луйста.

### 해석

- ☑ 자기 자신에 대해 무엇이든지 이야기해 보세요.
- ☑ 인터뷰를 시작하겠습니다. 자신에 대해 이야기해 보세요.
- ☑ 자기소개를 해 주세요.

 **만능 템플릿**

**자기소개를 어떠한 내용으로 구성해야 할지 아래 박스를 참고하여 생각해 보세요.**

| 시작 | 본문 | 마무리 |
|---|---|---|
| 인사말, 말문 트는 표현 | 이름/나이, 가족, 현재 신분, 취미/여가 활동, 성격 | 마치는 말 |

### 시험장에 꼭 챙겨 갈 단어&표현

**учи́ться** 공부하다, 재학하다 | **курс** 학년, 과정 | **изуча́ть** 전공하다, 배우다 | **дру́жный** 화목한, 사이 좋은 | **так как** ~이기 때문에

흐름을 보면서 문장을 구성하는 노하우를 내것으로 만들어 보세요.

| 이름·나이 | Меня́ зову́т Суджи́н. Мне 22 го́да. |
|---|---|
| 가족 | Я живу́ в Сеу́ле с семьёй. Моя́ семья́ о́чень дру́жная.<br>В мое́й семье́ 4 челове́ка: оте́ц, мать, ста́ршая сестра́ и я. |
| 현재 신분 | Я студе́нтка. Сейча́с я учу́сь в университе́те HUFS на четвёртом ку́рсе.<br>Я изуча́ю ру́сский язы́к. |
| 취미·여가 활동 | Когда́ у меня́ есть свобо́дное вре́мя, я игра́ю в те́ннис с дру́гом.<br>Мне о́чень нра́вится занима́ться спо́ртом. |
| 성격 | Что каса́ется моего́ хара́ктера, я о́чень общи́тельный челове́к.<br>Мне всегда́ прия́тно обща́ться с ра́зными людьми́. |

 모범 답변 & 해석

언제, 어디서나 쓸 수 있는 만능 표현들을 참고하면서 모범 답변을 살펴보세요.

**모범 답변**

Здра́вствуйте! Я хочу́ рассказа́ть вам о себе́. Меня́ зову́т Суджи́н. Мне 22 го́да. Я студе́нтка. Сейча́с я учу́сь в университе́те HUFS на четвёртом ку́рсе. Я изуча́ю ру́сский язы́к. Я живу́ в Сеу́ле с семьёй. Моя́ семья́ о́чень дру́жная. В мое́й семье́ 4 челове́ка: оте́ц, мать, ста́ршая сестра́ и я. Так как я зака́нчиваю университе́т в сле́дующем году́, в после́днее вре́мя я о́чень занята́. Но когда́ у меня́ есть свобо́дное вре́мя, я игра́ю в те́ннис с дру́гом. Мне о́чень нра́вится занима́ться спо́ртом. Что каса́ется моего́ хара́ктера, я о́чень общи́тельный челове́к. Мне всегда́ прия́тно обща́ться с ра́зными людьми́. На э́том всё обо мне. Спаси́бо!

안녕하세요! 저에 대해서 이야기해 드리고 싶어요. 제 이름은 수진입니다. 저는 22살입니다. 저는 대학생입니다. 현재 저는 HUFS 대학교 4학년에 재학 중입니다. 저는 러시아어를 전공합니다. 저는 서울에서 가족과 함께 살고 있습니다. 저의 가족은 매우 화목합니다. 가족 구성원은 아버지, 어머니, 언니, 저 이렇게 4명입니다. 저는 내년에 대학교를 졸업하기 때문에 최근에 매우 바쁩니다. 하지만 여가 시간이 생길 때, 저는 친구와 함께 테니스를 칩니다. 저는 운동하는 것을 매우 좋아합니다. 제 성격에 관해 말씀 드리자면 저는 아주 사교성이 좋은 사람입니다. 저는 다양한 사람들과 만나는 것이 항상 좋습니다. 여기까지가 저에 관한 소개였습니다. 고맙습니다!

 ## 나만의 답변 만들기

**답변 전략과 모범 답변을 참고하여 나만의 답변을 구성하고, 연습해 보세요.**

| | | |
|---|---|---|
| ☑ 첫 번째 연습 시간 Check! | 분 | 초 |
| ☑ 두 번째 연습 시간 Check! | 분 | 초 |

## Question 2. [기본] 거주지(집 묘사)

 **OPIc 러시아어 IM 강의**                                   4강

**질문**

- ☑ Опиши́те, пожа́луйста, ваш дом (подро́бно).
- ☑ Опиши́те, пожа́луйста, ме́сто, где вы живёте.
- ☑ Ско́лько ко́мнат в ва́шем до́ме? На како́м этаже́ вы живёте?

**해석**

- ☑ 당신의 집을 (구체적으로) 묘사해 보세요.
- ☑ 당신이 살고 있는 장소를 묘사해 보세요.
- ☑ 당신의 집에는 몇 개의 방이 있나요? 당신은 몇 층에 사나요?

 **3단 콤보 분석**

해당 질문이 어느 유형에 속하는지 파악해 보고, 연이어 나올 수 있는 3단 콤보 주제들까지 함께 살펴보세요.

| 묘사 | 변화 | 경험 |
|---|---|---|
| 본인의 집 묘사, 좋아하는 방 묘사 | 과거와 현재의 집 비교, 최근의 집안 내부 변화 | 집/동네에서 일어난 기억에 남는 경험, 이웃과의 관계/친해진 경험 |

🔍 **시험장에 꼭 챙겨 갈 단어&표현**

**недалеко́ от** + 생격 ~로부터 멀지 않다 | **вид на ре́ку** 리버 뷰, 강 전망 | **постро́ить** 건설하다 | **совреме́нный** 현대적인, 최신의

흐름을 보면서 문장을 구성하는 노하우를 내것으로 만들어 보세요.

| 집 종류 · 동네 이름 · 위치 | Мой райо́н нахо́дится недалеко́ от реки́ Хан. Мои́ роди́тели купи́ли кварти́ру с ви́дом на ре́ку. |
|---|---|
| 집 크기 · 분위기 | На́шу кварти́ру неда́вно постро́или, поэ́тому она́ но́вая, совреме́нная и комфо́ртная. |
| 시설 · 구성 | В мое́й кварти́ре есть 3 ко́мнаты, 2 туале́та и ку́хня. |
| 나의 느낌 | Я о́чень люблю́ отдыха́ть в ней по́сле рабо́ты.<br>На́ша семья́ дово́льна свое́й кварти́рой. |

언제, 어디서나 쓸 수 있는 만능 표현들을 참고하면서 모범 답변을 살펴보세요.

### 모범 답변

Сейча́с я живу́ в Сеу́ле с роди́телями. Мой райо́н нахо́дится недалеко́ от реки́ Хан. Мои́ роди́тели купи́ли кварти́ру с ви́дом на ре́ку. Коне́чно, мне о́чень нра́вится на́ша кварти́ра. Мы живём на 20-ом этаже́. На́шу кварти́ру неда́вно постро́или, поэ́тому она́ но́вая, совреме́нная и комфо́ртная. В мое́й кварти́ре есть 3 ко́мнаты, 2 туале́та и ку́хня. Моя́ ко́мната небольша́я, но о́чень ую́тная. Я о́чень люблю́ отдыха́ть в ней по́сле рабо́ты. На́ша семья́ дово́льна свое́й кварти́рой.

해석

현재 저는 부모님과 함께 서울에 살고 있습니다. 저희 동네는 한강으로부터 멀지 않은 곳에 위치합니다. 저희 부모님은 강이 보이는(리버 뷰) 아파트를 구매했습니다. 물론 저는 우리 아파트가 매우 마음에 듭니다. 우리는 20층에 살고 있습니다. 우리 아파트는 최근에 지어졌기 때문에, 최신식이고 편안합니다. 아파트에는 3개의 방, 2개의 화장실과 부엌이 있습니다. 제 방은 크지는 않지만, 아주 안락합니다. 저는 퇴근 후에 제 방에서 쉬는 것을 아주 좋아합니다. 저희 가족은 이 아파트가 만족스럽습니다.

 ## 나만의 답변 만들기

**답변 전략과 모범 답변을 참고하여 나만의 답변을 구성하고, 연습해 보세요.**

☑ 첫 번째 연습 시간 Check!    분    초
☑ 두 번째 연습 시간 Check!    분    초

OPIc 러시아어 IM 강의                                      5강

**질문**

☑ Расскажи́те, пожа́луйста, кака́я ра́зница ме́жду ва́шим ны́нешним до́мом и до́мом, в кото́ром вы жи́ли ра́ньше.

☑ Сравни́те, пожа́луйста, ваш ны́нешний дом с до́мом, в кото́ром вы жи́ли ра́ньше.

☑ Опиши́те дом, в кото́ром вы жи́ли в де́тстве. Расскажи́те, пожа́луйста, чем он отлича́ется от до́ма, в кото́ром вы живёте сейча́с.

**해석**

☑ 당신의 현재 집과 예전에 살았던 집이 어떤 차이가 있는지 이야기해 보세요.

☑ 당신의 현재 집과 예전에 살았던 집을 비교해 보세요.

☑ 당신이 어렸을 때 살았던 집을 묘사해 보세요. 현재 살고 있는 집과 무슨 차이가 있는지 이야기해 보세요.

## 3단 콤보 분석

**해당 질문이 어느 유형에 속하는지 파악해 보고, 연이어 나올 수 있는 3단 콤보 주제들까지 함께 살펴보세요.**

| 묘사 | 변화 | 경험 |
|------|------|------|
| 본인의 집 묘사, 좋아하는 방 묘사 | 과거와 현재의 집 비교, 최근의 집안 내부 변화 | 집/동네에서 일어난 기억에 남는 경험, 이웃과의 관계/친해진 경험 |

### 시험장에 꼭 챙겨 갈 단어&표현

**ны́нешний** 현재의, 지금의 | **за́ го́родом** 교외에, 외곽에 | **как изве́стно** 알려진 바와 같이 | **жильё** 거주지, 주거 | **необходи́мые удо́бства** 편의 시설 | **и так да́лее (и т. д.)** 기타 등등

**답변 전략 수립**

흐름을 보면서 문장을 구성하는 노하우를 내것으로 만들어 보세요.

| 주거지 형태 비교 | Ра́ньше я жил(а́) в ча́стном до́ме за́ городом, а сейча́с живу́ в кварти́ре в це́нтре го́рода. |
|---|---|
| 달라진 점 | Как изве́стно, купи́ть жильё в го́роде намно́го доро́же, чем за́ городом. Поэ́тому, по сравне́нию с за́городным до́мом, разме́р мое́й кварти́ры немно́го ме́ньше. |
| 나의 느낌 | В о́бщем, я дово́лен(ьна) э́тим райо́ном. В нём есть все необходи́мые удо́бства. Мне э́то о́чень нра́вится. |

 **모범 답변 & 해석**

언제, 어디서나 쓸 수 있는 만능 표현들을 참고하면서 모범 답변을 살펴보세요.

**모범 답변**

Я уже 5 лет живу́ в своём ны́нешнем до́ме. Ра́ньше я жил(а́) в ча́стном до́ме за́ городом, а сейча́с живу́ в кварти́ре в це́нтре го́рода. Как изве́стно, купи́ть жильё в го́роде намно́го доро́же, чем за́ городом. Поэ́тому, по сравне́нию с за́городным до́мом, разме́р мое́й кварти́ры немно́го ме́ньше. Но, в о́бщем, я дово́лен(ьна) э́тим райо́ном. В нём есть все необходи́мые удо́бства. Наприме́р, торго́вые це́нтры, рестора́ны, кафе́, спорти́вные за́лы и т. д. Мне э́то о́чень нра́вится.

**해석**

저는 현재 살고 있는 집에서 이미 5년째 살고 있습니다. 예전에는 외곽에 있는 단독 주택에서 살았고, 지금은 시내에 있는 아파트에 살고 있습니다. 잘 알려졌다시피, 교외 지역보다 도시에 집을 사는 것이 훨씬 비쌉니다. 그래서 예전의 집과 비교해 보면, 현재의 집 크기는 좀 더 작습니다. 하지만 저는 전반적으로 이 동네가 만족스럽습니다. 동네에는 모든 편의 시설이 있습니다. 예를 들면, 쇼핑몰, 식당, 카페, 체육관 등입니다. 저는 이 점이 매우 마음에 듭니다.

**답변 전략과 모범 답변을 참고하여 나만의 답변을 구성하고, 연습해 보세요.**

☑ **첫 번째 연습 시간 Check!**　　분　　초
☑ **두 번째 연습 시간 Check!**　　분　　초

**OPIc 러시아어 IM 강의**　　5강

**질문**

☑ Расскажи́те, пожа́луйста, о ва́ших сосе́дях. Каки́е у вас с ни́ми отноше́ния? Как ча́сто вы встреча́етесь с ни́ми? Чем вы обы́чно с ни́ми занима́етесь?

**해석**

☑ 당신의 이웃에 대해 이야기해 보세요. 이웃과의 관계는 어떠한가요? 당신은 이웃들과 얼마나 자주 만나나요? 그들과 함께 보통 무엇을 하나요?

## 3단 콤보 분석

해당 질문이 어느 유형에 속하는지 파악해 보고, 연이어 나올 수 있는 3단 콤보 주제들까지 함께 살펴보세요.

| 묘사 | 변화 | 경험 |
|---|---|---|
| 본인의 집 묘사, 좋아하는 방 묘사 | 과거와 현재의 집 비교, 최근의 집안 내부 변화 | 집/동네에서 일어난 기억에 남는 경험, 이웃과의 관계/친해진 경험 |

## 시험장에 꼭 챙겨 갈 단어&표현

**че́стно говоря́** 솔직히 말하면 | **сосе́д(ка)** 이웃 | **тем не ме́нее** 그럼에도 불구하고 | **бли́зкий** 가까운 | **перее́хать** 이사 가다 | **таки́м о́бразом** 이런 방법으로, 이렇게

 **답변 전략 수립**

흐름을 보면서 문장을 구성하는 노하우를 내것으로 만들어 보세요.

| 이웃의 정보 | У меня́ есть одна́ бли́зкая сосе́дка, кото́рая живёт на одно́м этаже́ со мно́й. Её зову́т Ка́тя и она́ ру́сская. |
|---|---|
| 친해진 계기 | Мы познако́мились про́шлой зимо́й, когда́ она́ перее́хала в наш дом. Она́ была́ о́чень ра́да, что я могу́ говори́ть по-ру́сски. Ка́тя ча́сто спра́шивала меня́ о том, что есть в на́шем райо́не. Таки́м о́бразом мы ста́ли бли́зкими сосе́дями. |
| 주로 하는 일 | Мне о́чень прия́тно обща́ться с ней. Мы иногда́ вме́сте гуля́ем в па́рке. |
| 나의 느낌 | Я о́чень сча́стлива, что у меня́ есть така́я хоро́шая сосе́дка. |

 **모범 답변 & 해석**

언제, 어디서나 쓸 수 있는 만능 표현들을 참고하면서 모범 답변을 살펴보세요.

> **모범 답변**
>
> Ну, че́стно говоря́, я не о́чень хорошо́ зна́ю свои́х сосе́дей. Но, тем не ме́нее, у меня́ есть одна́ бли́зкая сосе́дка, кото́рая живёт на одно́м этаже́ со мно́й. Её зову́т Ка́тя и она́ ру́сская. Мы познако́мились про́шлой зимо́й, когда́ она́ перее́хала в наш дом. Она́ была́ о́чень ра́да, что я могу́ говори́ть по-ру́сски. Ка́тя ча́сто спра́шивала меня́ о том, что есть в на́шем райо́не. Таки́м о́бразом мы ста́ли бли́зкими сосе́дями. Она́ о́чень весёлый челове́к. Мне о́чень прия́тно обща́ться с ней. Мы иногда́ вме́сте гуля́ем в па́рке. Я о́чень сча́стлива, что у меня́ есть така́я хоро́шая сосе́дка.

음, 솔직히 말하면 저는 제 이웃들을 잘 알지 못합니다. 그럼에도 불구하고, 저에게는 같은 층에 사는 친한 이웃이 1명 있습니다. 이름은 까쨔이고, 러시아인입니다. 그녀가 우리 아파트 동으로 이사 온 작년 겨울에 처음 알게 되었습니다. 그녀는 제가 러시아어로 말할 수 있다는 것을 알고 매우 기뻐했습니다. 까쨔는 우리 동네에 무엇이 있는지에 대해 자주 제게 물어봤습니다. 이런 식으로 우리는 친한 이웃이 되었습니다. 그녀는 매우 유쾌한 사람입니다. 저는 그녀와 연락하고 지내는 것이 매우 좋습니다. 우리는 가끔 공원에서 함께 산책을 합니다. 제게 이렇게 멋진 이웃이 있다는 점이 매우 행복합니다.

 ## 나만의 답변 만들기

**답변 전략과 모범 답변을 참고하여 나만의 답변을 구성하고, 연습해 보세요.**

☑ **첫 번째 연습 시간 Check!**　　　분　　초
☑ **두 번째 연습 시간 Check!**　　　분　　초

**OPIc 러시아어 IM 강의**                                                        10강

**질문**

☑ В анке́те вы указа́ли, что лю́бите ходи́ть в парк. Расскажи́те, пожа́луйста,
о па́рке, в кото́рый вы ча́сто хо́дите. Когда́ и с кем вы обы́чно хо́дите туда́?
Опиши́те ваш люби́мый парк (подро́бно).

**해석**

☑ 설문조사에 당신은 공원에 가는 것을 좋아한다고 체크했습니다. 당신이 자주 가는 공원에 대해 이야기
해 보세요. 보통 언제, 누구와 함께 공원에 가나요? 당신이 좋아하는 공원에 대해 (자세하게) 묘사해 보
세요.

## 3단 콤보 분석

해당 질문이 어느 유형에 속하는지 파악해 보고, 연이어 나올 수 있는 3단 콤보 주제들까지 함께 살펴보세요.

| 묘사 | 변화 | 경험 |
|---|---|---|
| 자주 가는 공원 묘사,<br>공원에서 주로 하는 일 | 공원 가기 전후 활동 | 최근 공원에 간 경험,<br>기억에 남는 공원 관련 경험 |

## 시험장에 꼭 챙겨 갈 단어&표현

**устава́ть** 피곤해하다, 지치다 | **быва́ть + где** ~에 방문하다, 드나들다 | **осо́бенно** 특히 | **зо́на** 존(zone), 구역 |
**культу́ра** 문화 | **иску́сство** 예술

흐름을 보면서 문장을 구성하는 노하우를 내것으로 만들어 보세요.

| | |
|---|---|
| 공원 이름 · 위치 | Я ча́сто хожу́ в парк, кото́рый называ́ется «Олимпи́йский Парк». Он нахо́дится недалеко́ от моего́ до́ма. |
| 주변 분위기 · 시설 | Э́тот парк о́чень большо́й и краси́вый. В па́рке есть мно́го дере́вьев и цвето́в. А та́кже в э́том па́рке есть о́зеро, зо́на для спо́рта и зо́на культу́ры и иску́сства. |
| 자주 가는 이유 | Когда́ у меня́ есть свобо́дное вре́мя и́ли я устаю́ от рабо́ты (учёбы), я быва́ю в э́том ме́сте оди́н (одна́). |
| 나의 느낌 | Мно́гие жи́тели лю́бят отдыха́ть там. Осо́бенно мне нра́вится гуля́ть там весно́й и о́сенью. |

 **모범 답변 & 해석**

언제, 어디서나 쓸 수 있는 만능 표현들을 참고하면서 모범 답변을 살펴보세요.

**모범 답변**

Я ча́сто хожу́ в парк, кото́рый называ́ется «Олимпи́йский Парк». Он нахо́дится недалеко́ от моего́ до́ма. Я всегда́ хожу́ туда́ пешко́м. Когда́ у меня́ есть свобо́дное вре́мя и́ли я устаю́ от рабо́ты (учёбы), я быва́ю в э́том ме́сте оди́н (одна́). Э́тот парк о́чень большо́й и краси́вый, поэ́тому мно́гие жи́тели лю́бят отдыха́ть там. В па́рке есть мно́го дере́вьев и цвето́в. Осо́бенно мне нра́вится гуля́ть там весно́й и о́сенью. А та́кже в э́том па́рке есть о́зеро, зо́на для спо́рта и зо́на культу́ры и иску́сства.

해석

저는 '올림픽공원'에 자주 갑니다. 공원은 저희 집에서 멀지 않은 곳에 위치합니다. 저는 항상 그곳에 걸어 다닙니다. 저에게 휴식 시간이 생기거나, 업무(학업)로 인해 지칠 때, 저는 혼자서 이 공원에 갑니다. 올림픽공원은 매우 크고 아름답기 때문에, 많은 주민들이 이곳에서 휴식을 취하는 것을 좋아합니다. 공원에는 나무와 꽃이 많습니다. 저는 특히 봄과 가을에 이 공원에서 산책하는 것을 좋아합니다. 또한 공원에는 호수, 체육 시설이 있는 공간, 문화 및 예술을 즐길 수 있는 공간도 있습니다.

 나만의 답변 만들기

**답변 전략과 모범 답변을 참고하여 나만의 답변을 구성하고, 연습해 보세요.**

☑ **첫 번째 연습 시간 Check!**     분     초
☑ **두 번째 연습 시간 Check!**     분     초

# 해설 및 모범 답변 / set 1

## Question 6. 선택 공원(주로 하는 활동)

### OPIc 러시아어 IM 강의

10강

**질문**

☑ Расскажи́те, пожа́луйста, чем вы обы́чно занима́етесь в па́рке, в кото́рый ча́сто хо́дите.

**해석**

☑ 당신이 자주 가는 공원에서 보통 무엇을 하는지 이야기해 보세요.

### 3단 콤보 분석

해당 질문이 어느 유형에 속하는지 파악해 보고, 연이어 나올 수 있는 3단 콤보 주제들까지 함께 살펴보세요.

| 묘사 | 변화 | 경험 |
|---|---|---|
| 자주 가는 공원 묘사, 공원에서 주로 하는 일 | 공원 가기 전후 활동 | 최근 공원에 간 경험, 기억에 남는 공원 관련 경험 |

### 시험장에 꼭 챙겨 갈 단어&표현

**ката́ться** 타다 | **велосипе́д** 자전거 | **игра́ть в +** 대격 (운동 종목을) 하다 | **прогу́лка** 산책

흐름을 보면서 문장을 구성하는 노하우를 내것으로 만들어 보세요.

| 자주 가는 공원 정보 | В нáшем райóне есть большóй и извéстный в Сеýле парк, котóрый называáется «Олимпи́йский Парк». |
|---|---|
| 동반자 · 빈도수 | Я хожý тудá кáждый вéчер пóсле рабóты. Я люблю́ гуля́ть в э́том пáрке оди́н (однá), а иногдá хожý тудá со свои́ми роди́телями. |
| 공원에서 하는 활동 | Обы́чно я гуля́ю в пáрке и́ли бéгаю по бéрегу óзера. А иногдá я катáюсь на велосипéде и́ли игрáю в бадминтóн. |
| 효과 · 나의 느낌 | Э́то сáмое люби́мое моё врéмя. (Мне) кáжется, что прогýлка на свéжем вóздухе (на прирóде) помогáет снять стресс и забы́ть о свои́х трýдностях. |

 모범 답변 & 해석

언제, 어디서나 쓸 수 있는 만능 표현들을 참고하면서 모범 답변을 살펴보세요.

**모범 답변**

В нáшем райóне есть большóй и извéстный в Сеýле парк, котóрый называáется «Олимпи́йский Парк». Я хожý тудá кáждый вéчер пóсле рабóты. Я люблю́ гуля́ть в э́том пáрке оди́н (однá), а иногдá хожý тудá со свои́ми роди́телями. Обы́чно я гуля́ю в пáрке и́ли бéгаю по бéрегу óзера. Э́то сáмое люби́мое моё врéмя. А иногдá я катáюсь на велосипéде и́ли игрáю в бадминтóн. (Мне) кáжется, что прогýлка на свéжем вóздухе (на прирóде) помогáет снять стресс и забы́ть о свои́х трýдностях.

저희 동네에는 '올림픽공원'이라는 크고, 서울에서 유명한 공원이 있습니다. 저는 매일 저녁 퇴근 후에 공원에 갑니다. 혼자서 공원에서 산책하는 것을 좋아하지만, 가끔은 부모님과 함께 가기도 합니다. 보통 저는 공원에서 산책을 하거나 호숫가를 뜁니다. 이때가 제가 가장 좋아하는 시간입니다. 그리고 때때로 자전거를 타거나 배드민턴을 칩니다. 저는 신선한 공기를 마시면서 (자연 속에서) 산책을 하면 스트레스도 해소되고, 힘든 것을 잊게 된다고 생각합니다.

 ## 나만의 답변 만들기

**답변 전략과 모범 답변을 참고하여 나만의 답변을 구성하고, 연습해 보세요.**

| | | |
|---|---|---|
| ☑ **첫 번째 연습 시간 Check!** | 분 | 초 |
| ☑ **두 번째 연습 시간 Check!** | 분 | 초 |

**OPIc 러시아어 IM 강의**

11강

**질문**

☑ Расскажи́те, пожа́луйста, когда́ вы в после́дний раз ходи́ли в парк. Когда́ и с кем вы ходи́ли туда́? Чем вы там занима́лись?

**해석**

☑ 당신이 마지막으로 공원에 간 상황에 대해 이야기해 주세요. 언제, 누구와 함께 공원에 다녀왔나요? 거기서 무엇을 했나요?

## 📖 3단 콤보 분석

**해당 질문이 어느 유형에 속하는지 파악해 보고, 연이어 나올 수 있는 3단 콤보 주제들까지 함께 살펴보세요.**

| 묘사 | 변화 | 경험 |
|---|---|---|
| 자주 가는 공원 묘사, 공원에서 주로 하는 일 | 공원 가기 전후 활동 | 최근 공원에 간 경험, 기억에 남는 공원 관련 경험 |

## 🔍 시험장에 꼭 챙겨 갈 단어&표현

**на дие́те** 다이어트 중이다 | **случа́йно** 우연히 | **почти́** 거의 | **обра́доваться** 기뻐하다 | **познако́мить** + 대격 + **с** 조격 ~에게 ~을 소개해 주다

**답변 전략 수립**

흐름을 보면서 문장을 구성하는 노하우를 내것으로 만들어 보세요.

| | |
|---|---|
| 언제 · 동반자 | В после́дний раз я ходи́л(а) в парк в про́шлую суббо́ту со свое́й сестро́й. |
| 날씨 · 특이 사항 | В па́рке бы́ло мно́го люде́й, потому́ что пого́да была́ о́чень хоро́шая. |
| 있었던 일 | Когда́ я бе́гал(а) по бе́регу о́зера, случа́йно уви́дел(а) профе́ссора, кото́рый преподава́л мне ру́сский язы́к в университе́те.<br>Он познако́мил меня́ со свое́й семьёй. А та́кже он пригласи́л меня́ к себе́ (домо́й) на сле́дующей неде́ле. |
| 나의 느낌 | Мы почти́ 10 лет не ви́делись, поэ́тому обра́довались, когда́ встре́тились. Я был(а́) о́чень рад(а) ви́деть его́. |

 **모범 답변 & 해석**

언제, 어디서나 쓸 수 있는 만능 표현들을 참고하면서 모범 답변을 살펴보세요.

> **모범 답변**
>
> Сейча́с я на дие́те, поэ́тому я стара́юсь ча́сто гуля́ть и бе́гать в па́рке по́сле у́жина. <mark>В после́дний раз я ходи́л(а) в парк</mark> в про́шлую суббо́ту со свое́й сестро́й. В па́рке бы́ло мно́го люде́й, потому́ что <mark>пого́да была́ о́чень хоро́шая</mark>. Когда́ я бе́гал(а) по бе́регу о́зера, случа́йно уви́дел(а) профе́ссора, кото́рый преподава́л мне ру́сский язы́к в университе́те. Мы почти́ 10 лет не ви́делись, поэ́тому обра́довались, когда́ встре́тились. Он познако́мил меня́ со свое́й семьёй. А та́кже он пригласи́л меня́ к себе́ (домо́й) на сле́дующей неде́ле. Я был(а́) о́чень рад(а) ви́деть его́.

**해석**

지금 저는 다이어트 중입니다. 그래서 저녁 식사 후에 자주 공원에서 산책하고, 조깅을 하려고 노력하고 있습니다. 마지막으로는 지난주 토요일에 저희 언니(누나)와 함께 공원에 갔습니다. 날씨가 좋았기 때문에, 공원에는 사람들이 많았습니다. 저는 호숫가를 따라 뛰다가, 우연히 대학교 때 제게 러시아어를 가르쳐 주셨던 교수님을 보았습니다. 교수님을 거의 10년 동안 뵙지 못했기 때문에, 만나고 나니 기뻤습니다. 교수님은 제게 가족들을 소개해 주셨습니다. 또한 다음 주에 집으로 놀러 오라고 초대해 주셨습니다. 저는 교수님을 만나서 정말 기뻤습니다.

 **나만의 답변 만들기**

**답변 전략과 모범 답변을 참고하여 나만의 답변을 구성하고, 연습해 보세요.**

☑ 첫 번째 연습 시간 Check!　　분　　초
☑ 두 번째 연습 시간 Check!　　분　　초

# Question 8. 선택 해외여행(여행지 묘사)

 **OPIc 러시아어 IM 강의** `16강`

**질문**

☑ В анке́те вы указа́ли, что лю́бите путеше́ствовать за грани́цу.
Расскажи́те, пожа́луйста, о ме́сте, куда́ вам нра́вится е́здить за рубежо́м.
Опиши́те э́то ме́сто подро́бно и объясни́те, почему́ вы лю́бите е́здить туда́.

**해석**

☑ 설문조사에 당신은 해외여행을 좋아한다고 체크했습니다. 당신이 좋아하는 해외 여행지에 대해 이야기해 주세요. 그 장소를 자세히 묘사하고, 왜 그곳에 가는 것을 좋아하는지 설명해 보세요.

 **3단 콤보 분석**

해당 질문이 어느 유형에 속하는지 파악해 보고, 연이어 나올 수 있는 3단 콤보 주제들까지 함께 살펴보세요.

| 묘사 | 변화 | 경험 |
|---|---|---|
| 좋아하는 해외 여행지 묘사, 처음 가 본 해외 여행지 묘사 | 여행 가기 전 활동, 해외 여행지에서 하는 일 | 최근 해외여행 경험, 기억에 남는 해외여행 경험 |

🔍 **시험장에 꼭 챙겨 갈 단어&표현**

путеше́ствовать 여행하다 | во всём ми́ре 전 세계에서 | куро́рт 리조트, 휴양 시설 | во́дный вид спо́рта
해양 스포츠 | морепроду́кты 해산물 | ме́стное блю́до 현지 음식

 **답변 전략 수립**

흐름을 보면서 문장을 구성하는 노하우를 내것으로 만들어 보세요.

| 여행지 간단한 특징 | Бо́льше всего́ из них мне нра́вится о́стров Гуа́м (Гава́йи). Э́то о́чень популя́рное ме́сто для иностра́нных тури́стов. |
|---|---|
| 좋아하는 이유 | Во-пе́рвых, для путеше́ствия на о́строве есть всё: удиви́тельная приро́да, лу́чшие куро́рты, краси́вые пля́жи и па́рки. Во-вторы́х, там мо́жно занима́ться ра́зными во́дными ви́дами спо́рта, наприме́р, во́дными лы́жами, сно́рклингом, виндсёрфингом. В-тре́тьих, тури́сты мо́гут есть све́жие морепроду́кты и вку́сные ме́стные блю́да. |
| 나의 느낌 · 추천 | Мне ка́жется, что о́стров Гуа́м (Гава́йи) – са́мое лу́чшее ме́сто для о́тдыха. |

📋 **모범 답변 & 해석**

언제, 어디서나 쓸 수 있는 만능 표현들을 참고하면서 모범 답변을 살펴보세요.

**모범 답변**

Я о́чень люблю́ путеше́ствовать за грани́цу. Ду́маю, что во всём ми́ре есть мно́го краси́вых городо́в и мест. Бо́льше всего́ из них мне нра́вится о́стров Гуа́м (Гава́йи). Э́то о́чень популя́рное ме́сто для иностра́нных тури́стов. Сейча́с я объясню́, почему́ люблю́ е́здить туда́. Во-пе́рвых, для путеше́ствия на о́строве есть всё: удиви́тельная приро́да, лу́чшие куро́рты, краси́вые пля́жи и па́рки. Во-вторы́х, там мо́жно занима́ться ра́зными во́дными ви́дами спо́рта, наприме́р, во́дными лы́жами, сно́рклингом, виндсёрфингом. В-тре́тьих, тури́сты мо́гут есть све́жие морепроду́кты и вку́сные ме́стные блю́да. Мне ка́жется, что о́стров Гуа́м (Гава́йи) – са́мое лу́чшее ме́сто для о́тдыха.

저는 해외여행 하는 것을 매우 좋아합니다. 저는 전 세계에 아름다운 도시와 장소가 많다고 생각합니다. 그중에서도 저는 괌(하와이)을 가장 좋아합니다. 괌(하와이)은 외국 관광객들에게 매우 인기 있는 장소입니다. 제가 왜 그곳에 가는 것을 좋아하는지 이제 설명해 드리겠습니다. 첫 번째로, 그 섬에는 여행을 위한 모든 것이 있습니다. 멋진 자연환경, 최고의 휴양 시설, 아름다운 해변, 공원이 있습니다. 두 번째로, 괌(하와이)에서는 수상 스키, 스노클링, 윈드서핑과 같은 다양한 해양 스포츠를 즐길 수 있습니다. 세 번째로, 관광객들은 그곳에서 신선한 해산물과 맛있는 현지 음식을 먹을 수 있습니다. 제 생각에는 괌(하와이)은 휴양을 위한 최고의 장소인 것 같습니다.

 나만의 답변 만들기

**답변 전략과 모범 답변을 참고하여 나만의 답변을 구성하고, 연습해 보세요.**

☑ 첫 번째 연습 시간 Check!　　분　초
☑ 두 번째 연습 시간 Check!　　분　초

**OPIc 러시아어 IM 강의**                                        16강

질문

☑ Как вы обы́чно гото́витесь к путеше́ствию? Чем вы обы́чно занима́етесь
пе́ред путеше́ствием? Каки́е ве́щи вы берёте с собо́й?

해석

☑ 당신은 보통 어떻게 여행을 준비합니까? 여행 가기 전에 무엇을 하나요? 어떤 물건을 챙기나요?

 **3단 콤보 분석**

해당 질문이 어느 유형에 속하는지 파악해 보고, 연이어 나올 수 있는 3단 콤보 주제들까지 함께 살펴보세요.

| 묘사 | 변화 | 경험 |
|---|---|---|
| 좋아하는 해외 여행지 묘사, 처음 가 본 해외 여행지 묘사 | 여행 가기 전 활동, 해외 여행지에서 하는 일 | 최근 해외여행 경험, 기억에 남는 해외여행 경험 |

🔍 **시험장에 꼭 챙겨 갈 단어&표현**

**гото́виться к + 여격** ~을 준비하다, 대비하다 | **пре́жде всего́** 무엇보다도, 먼저 | **брони́ровать** 예약하다 |
**сэконо́мить де́ньги** 돈을 절약하다 | **составля́ть план** 계획을 세우다 | **брать с собо́й** 챙기다, 소지하다

**답변 전략 수립**

흐름을 보면서 문장을 구성하는 노하우를 내것으로 만들어 보세요.

| | |
|---|---|
| 여행 가기 전<br>하는 일 | Пре́жде всего́, в интерне́те я покупа́ю авиабиле́ты и брони́рую но́мер в гости́нице. Что́бы сэконо́мить де́ньги, я ищу́ мно́го информа́ции и сра́вниваю це́ны на авиабиле́ты. Пото́м я составля́ю план и маршру́т путеше́ствия. |
| 챙기는 물건 | Я обы́чно беру́ с собо́й оде́жду, о́бувь, туале́тные принадле́жности и лека́рства. Коне́чно, нельзя́ забыва́ть заря́дку для телефо́на. |

 **모범 답변 & 해석**

언제, 어디서나 쓸 수 있는 만능 표현들을 참고하면서 모범 답변을 살펴보세요.

> **모범 답변**
>
> Я расскажу́, как я обы́чно гото́влюсь к путеше́ствию. Пре́жде всего́, в интерне́те я покупа́ю авиабиле́ты и брони́рую но́мер в гости́нице. Что́бы сэконо́мить де́ньги, я ищу́ мно́го информа́ции и сра́вниваю це́ны на авиабиле́ты. Пото́м я составля́ю план и маршру́т путеше́ствия. Пе́ред пое́здкой я ду́маю, что взять с собо́й. Я обы́чно беру́ с собо́й оде́жду, о́бувь, туале́тные принадле́жности и лека́рства. Коне́чно, нельзя́ забыва́ть заря́дку для телефо́на. Э́то о́чень ва́жная вещь, потому́ что без него́ я ничего́ не могу́ де́лать.

> **해석**
>
> 제가 보통 어떻게 여행을 준비하는지 이야기해 드릴게요. 무엇보다도 먼저, 저는 인터넷에서 항공권을 사고, 호텔 방을 예약합니다. 돈을 절약하기 위해서 많은 정보를 찾아보고 항공권 가격을 비교합니다. 그다음에 여행 계획과 코스를 짭니다. 여행 가기 직전에는 제가 무엇을 챙겨야 할지 생각합니다. 보통 저는 옷, 신발, 세면도구, 약을 챙깁니다. 물론 휴대폰 충전기 챙기는 것을 절대 잊지 말아야 합니다. 저는 휴대폰 없이 아무것도 할 수 없기 때문에, 휴대폰은 아주 중요한 물건입니다.

**나만의 답변 만들기**

답변 전략과 모범 답변을 참고하여 나만의 답변을 구성하고, 연습해 보세요.

| | | | |
|---|---|---|---|
| ☑ 첫 번째 연습 시간 Check! | | 분 | 초 |
| ☑ 두 번째 연습 시간 Check! | | 분 | 초 |

# Question 10.    선택    해외여행(기억에 남는 경험)

 OPIc 러시아어 IM 강의

**질문**

☑ Расскажи́те, пожа́луйста, о незабыва́емом собы́тии, кото́рое произошло́, когда́ вы путеше́ствовали за грани́цу. Что вам осо́бенно запо́мнилось? Что случи́лось?

**해석**

☑ 당신이 해외여행 중에 일어난 기억에 남는 사건에 대해 이야기해 주세요. 특별히 무엇이 당신에게 기억에 남나요? 무슨 일이 있었나요?

## 3단 콤보 분석

해당 질문이 어느 유형에 속하는지 파악해 보고, 연이어 나올 수 있는 3단 콤보 주제들까지 함께 살펴보세요.

| 묘사 | 변화 | 경험 |
|---|---|---|
| 좋아하는 해외 여행지 묘사, 처음 가 본 해외 여행지 묘사 | 여행 가기 전 활동, 해외 여행지에서 하는 일 | 최근 해외여행 경험, 기억에 남는 해외여행 경험 |

### 🔍 시험장에 꼭 챙겨 갈 단어&표현

**пое́здка** 여정, 여행 | **впервы́е** 최초로, 처음으로 | **мечта́ть + о** 전치격 ~에 대해 꿈꾸다 | **загора́ть** 햇볕에 그을리다, 선탠하다 | **купа́ться** 헤엄쳐 놀다 | **до сих пор** 지금까지

**답변 전략 수립**

흐름을 보면서 문장을 구성하는 노하우를 내것으로 만들어 보세요.

| 여행 시기 · 장소 | Мне о́чень нра́вится о́стров Гуа́м (Гава́йи). Я уже́ не́сколько раз е́здил(а) туда́. Но пое́здка в про́шлом году́ мне осо́бенно запо́мнилось. |
|---|---|
| 그곳에서 일어난 일 | Бо́льше всего́ нам понра́вился прекра́сный оте́ль. Там мы хорошо́ отдыха́ли и е́ли вку́сные блю́да из морепроду́ктов. А ещё мы загора́ли на пля́же и купа́лись в мо́ре. |
| 나의 느낌 · 생각 | Впервы́е вся моя́ семья́ путеше́ствовала вме́сте. Мы так давно́ мечта́ли об э́том. Моя́ семья́ была́ о́чень сча́стлива провести́ вре́мя вме́сте и до сих пор хорошо́ по́мнит э́ту пое́здку. |

 **모범 답변 & 해석**

언제, 어디서나 쓸 수 있는 만능 표현들을 참고하면서 모범 답변을 살펴보세요.

> **모범 답변**
>
> (Как я уже́ сказа́л(а)), мне о́чень нра́вится о́стров Гуа́м (Гава́йи). Я уже́ не́сколько раз е́здил(а) туда́. Но поéздка в про́шлом году́ мне осо́бенно запо́мнилось. Впервы́е вся моя́ семья́ путеше́ствовала вме́сте. Мы так давно́ мечта́ли об э́том. Бо́льше всего́ нам понра́вился прекра́сный оте́ль. Там мы хорошо́ отдыха́ли и е́ли вку́сные блю́да из морепроду́ктов. А ещё мы загора́ли на пля́же и купа́лись в мо́ре. Моя́ семья́ была́ о́чень сча́стлива провести́ вре́мя вме́сте и до сих пор хорошо́ по́мнит э́ту пое́здку.

> **해석**
>
> (제가 이미 말씀드린 대로) 저는 괌(하와이)을 매우 좋아합니다. 저는 이미 그곳을 여러 번 다녀왔습니다. 그러나 작년 여행이 특히 기억에 남습니다. 처음으로 저희 가족이 다 같이 여행을 갔습니다. 아주 오래전부터 꿈꿔 왔던 일이었습니다. 저희는 호텔이 가장 마음에 들었습니다. 그곳에서 잘 쉬고, 맛있는 해산물 요리도 먹었습니다. 또한 해변에서 선탠을 하거나 바다에서 물놀이도 했습니다. 저희 가족은 다 함께 시간을 보내서 정말 행복했고, 지금까지 그 여행을 잘 기억하고 있습니다.

**나만의 답변 만들기**

**답변 전략과 모범 답변을 참고하여 나만의 답변을 구성하고, 연습해 보세요.**

# Question 11. 롤플레이 1 구매(가구 구매)

 OPIc 러시아어 IM 강의

`25강`

**질문**

☑ Разыгра́йте сле́дующую ситуа́цию. (Разыгра́йте, пожа́луйста, ситуа́цию, кото́рая бу́дет вам предло́жена.) Дава́йте предполо́жим, что вы хоти́те купи́ть но́вую ме́бель. (Вы нахо́дитесь в ме́бельном магази́не, чтобы купи́ть ме́бель. / Неда́вно вы перее́хали в но́вый дом и хоти́те купи́ть но́вую ме́бель.) Зада́йте 3-4 вопро́са продавцу́ о ме́бели, кото́рую вы хоти́те купи́ть.

**해석**

☑ 다음 상황을 연기해 보세요.(당신에게 주어질 상황을 연기해 보세요.) 당신이 새로운 가구를 사고 싶다고 가정해 봅시다.(당신은 가구를 사러 가구점에 와 있습니다. / 얼마 전에 당신은 새로운 집으로 이사를 했고, 새 가구를 사고 싶어 합니다.) 당신이 사고 싶은 가구에 대해 점원에게 3~4가지 질문을 하세요.

 **3단 콤보 분석**

해당 질문이 어느 유형에 속하는지 파악해 보고, 연이어 나올 수 있는 3단 콤보 주제들까지 함께 살펴보세요.

| 질문/약속 | 문제 해결/<br>대안 제시/부탁 | 경험 |
|---|---|---|
| 주어진 상황에서<br>직접/전화로 질문하기 | 주어진 상황에서 생긴<br>문제 해결하기/<br>대안 제시하기/부탁하기 | 주어진 상황 관련<br>경험 이야기하기 |

🔍 시험장에 꼭 챙겨 갈 **단어&표현**

**беспоко́йство** 괴로움, 걱정 | **порекомендова́ть** 추천하다, 권하다 | **това́р** 상품, 제품 | **тёмный** 어두운 | **цена́** 가격, 금액 | **доста́вка** 배달

흐름을 보면서 문장을 구성하는 노하우를 내것으로 만들어 보세요.

| 제품 추천 · 카탈로그 요청 | Мо́жете мне помо́чь? (Вы мо́жете порекомендова́ть хоро́ший това́р?) У вас есть катало́г това́ров? Я хочу́ посмотре́ть моде́ли дива́нов. |
|---|---|
| 제품 사이즈 · 색상 · 가격 문의 | Мне нра́вится тёмный цвет. У вас есть чёрные и́ли се́рые дива́ны? И я хочу́ узна́ть о це́нах на това́ры. Мне ну́жен недорого́й дива́н. |
| 할인 여부 · 배달 정보 | У вас есть това́ры со ски́дкой? (Мо́жно получи́ть ски́дку? / У вас есть специа́льные ски́дки?) И ещё, у вас есть доста́вка (до до́ма)? Э́то беспла́тно? |

 **모범 답변 & 해석**

언제, 어디서나 쓸 수 있는 만능 표현들을 참고하면서 모범 답변을 살펴보세요.

**모범 답변**

До́брый день! Извини́те за беспоко́йство. Неда́вно я перее́хал(а) в но́вый дом, поэ́тому хочу́ купи́ть но́вый дива́н. Мне ну́жен (я хочу́) небольшо́й дива́н. Мо́жете мне помо́чь? (Вы мо́жете порекомендова́ть хоро́ший това́р?) У вас есть катало́г това́ров? Я хочу́ посмотре́ть моде́ли дива́нов. А ещё мне нра́вится тёмный цвет. У вас есть чёрные и́ли се́рые дива́ны? И я хочу́ узна́ть о це́нах на това́ры. Мне ну́жен недорого́й дива́н. У вас есть това́ры со ски́дкой? (Мо́жно получи́ть ски́дку? / У вас есть специа́льные ски́дки?) И ещё, у вас есть доста́вка (до до́ма)? Э́то беспла́тно? Э́то всё. Спаси́бо за по́мощь.

안녕하세요! 실례합니다. 최근에 제가 새로운 집으로 이사를 가서 새 소파를 사고 싶어요. 저는 작은 소파가 필요합니다.(원합니다.) 저 좀 도와주시겠어요?(좋은 상품을 추천해 주실 수 있나요?) 혹시 상품 카탈로그가 있나요? 다양한 상품을 보고 싶네요. 그리고 저는 어두운 색상을 좋아합니다. 검정색이나 회색 소파가 있나요? 상품 가격도 알고 싶습니다. 저는 비싸지 않은 소파를 원해요. 혹시 할인 상품이 있나요?(할인을 받을 수 있나요?/혹시 특별 할인이 있나요?) 아, 그리고 (집까지) 배달이 되나요? 배달은 무료인가요? 제 질문은 여기까지입니다. 고맙습니다.

 나만의 답변 만들기

답변 전략과 모범 답변을 참고하여 나만의 답변을 구성하고, 연습해 보세요.

> ☑ 첫 번째 연습 시간 Check!　　분　　초
> ☑ 두 번째 연습 시간 Check!　　분　　초

OPIc 러시아어 IM 강의 `27강`

**질문**

☑ Вам на́до реши́ть пробле́му, кото́рая у вас возни́кла. Вам доста́вили
ме́бель, кото́рую вы заказа́ли. Оказа́лось, что э́та ме́бель вам не
подхо́дит.
Позвони́те в ме́бельный магази́н, объясни́те э́ту ситуа́цию и спроси́те,
что они́ мо́гут сде́лать для вас. (Спроси́те, каки́е вариа́нты у них есть /
каки́е у них есть предложе́ния по реше́нию пробле́мы.)

**해석**

☑ 당신에게 발생한 문제를 해결해야 합니다. 당신이 주문한 가구가 도착했습니다. 하지만 그 가구는 당신 마
음에 들지 않는 상황입니다. 가구점에 전화해서 이 상황을 설명하고, 당신을 위해 무엇을 해 줄 수 있는지
물어보세요.(어떤 대안/해결책이 있는지 물어보세요.)

## 3단 콤보 분석

**해당 질문이 어느 유형에 속하는지 파악해 보고, 연이어 나올 수 있는 3단 콤보 주제들까지 함께 살펴보세요.**

| 질문/약속 | 문제 해결/대안 제시/부탁 | 경험 |
|---|---|---|
| 주어진 상황에서 직접/전화로 질문하기 | 주어진 상황에서 생긴 문제 해결하기/대안 제시하기/부탁하기 | 주어진 상황 관련 경험 이야기하기 |

### 시험장에 꼭 챙겨 갈 단어&표현

**де́ло в том, что ~** 다름이 아니라, 실은 ~이다 | **ожида́ть** 기대하다 | **поменя́ть** + 대격 + **на друго́й** ~을 다른 것
으로 교환하다 | **верну́ть де́ньги обра́тно** 환불하다

**답변 전략 수립**

흐름을 보면서 문장을 구성하는 노하우를 내것으로 만들어 보세요.

| 문제 상황 설명 | 5 дней наза́д (на про́шлой неде́ле) я купи́л(а) у вас дива́н. Сего́дня э́тот дива́н был доста́влен. Но, к сожале́нию, э́то не то, чего́ я хоте́л(а). Де́ло в том, что разме́р дива́на не подхо́дит для мое́й ко́мнаты. / (Мне ка́жется, что цвет дива́на немно́го темне́е, чем я ожида́л(а).) |
|---|---|
| 본인의 대안 제시하기 | Я хочу́ поменя́ть его́ на друго́й. Э́то возмо́жно? Е́сли я не смогу́ найти́ това́р, кото́рый мне понра́вится, могу́ ли я верну́ть свои́ де́ньги обра́тно? |
| 상대방의 대안 · 해결책 | Каки́е ещё у вас есть вариа́нты (предложе́ния)? |

📋 **모범 답변 & 해석**

언제, 어디서나 쓸 수 있는 만능 표현들을 참고하면서 모범 답변을 살펴보세요.

> **모범 답변**
>
> Алло́! До́брый день! Э́то магази́н «КЕА»? 5 дней наза́д (на про́шлой неде́ле) я купи́л(а) у вас дива́н. Сего́дня э́тот дива́н был доста́влен. Но, к сожале́нию, э́то не то, чего́ я хоте́л(а). Де́ло в том, что разме́р дива́на не подхо́дит для мое́й ко́мнаты. / (Мне ка́жется, что цвет дива́на немно́го темне́е, чем я ожида́л(а).) Поэ́тому я хочу́ поменя́ть его́ на друго́й. Э́то возмо́жно? Е́сли я не смогу́ найти́ това́р, кото́рый мне понра́вится, могу́ ли я верну́ть свои́ де́ньги обра́тно? Каки́е ещё у вас есть вариа́нты (предложе́ния)? Зара́нее спаси́бо за ва́шу по́мощь.

여보세요! 안녕하세요! 'KEA' 가구점이지요? 제가 그곳에서 5일 전에 (지난주에) 소파를 샀는데요. 오늘 그 소파가 도착했어요. 그런데 유감스럽게도 제가 원했던 게 아니네요. 다름이 아니라 소파 사이즈가 제 방에 맞지 않아요./(제가 기대했던 것보다 소파 색이 조금 더 어두운 것 같아요.) 그래서 다른 상품으로 교환하고 싶습니다. 가능한가요? 그리고 만약에 제가 마음에 드는 상품을 찾지 못한다면 혹시 환불이 되나요? 아니면 어떤 대안이 있을까요? 도와주셔서 미리 감사드립니다.

## 나만의 답변 만들기

**답변 전략과 모범 답변을 참고하여 나만의 답변을 구성하고, 연습해 보세요.**

| | | |
|---|---|---|
| ☑ **첫 번째 연습 시간 Check!** | 분 | 초 |
| ☑ **두 번째 연습 시간 Check!** | 분 | 초 |

**OPIc 러시아어 IM 강의** `30강`

**질문**

☑ Расскажи́те, пожа́луйста, о ва́шем о́пыте. Вы когда́-нибу́дь бы́ли недово́льны чем-то, что купи́ли, и́ли каки́ми-ли́бо услу́гами, кото́рыми вы по́льзовались? (Была́ ли у вас ситуа́ция, когда́ вы бы́ли недово́льны чем-то, что купи́ли, и́ли каки́ми-ли́бо услу́гами, кото́рыми вы по́льзовались?) Éсли да, расскажи́те, что у вас случи́лось и как вы реши́ли э́ту пробле́му. (Éсли да, расскажи́те, кака́я у вас была́ пробле́ма и как вы спра́вились с ней.)

**해석**

☑ 당신의 경험에 대해 이야기해 보세요. 당신은 구매한 물건이나 이용한 서비스가 언젠가 불만족스러웠던 적이 있나요?(당신이 구매한 물건이나 이용한 서비스가 만족스럽지 않았던 상황이 있나요?) 만약 있다면, 무슨 일이 있었는지, 어떻게 그 문제를 해결했는지 말해 주세요.(만약 있다면, 어떤 문제가 있었는지, 그 문제를 어떻게 해결했는지 말해 주세요.)

## 3단 콤보 분석

해당 질문이 어느 유형에 속하는지 파악해 보고, 연이어 나올 수 있는 3단 콤보 주제들까지 함께 살펴보세요.

| 질문/약속 | 문제 해결/대안 제시/부탁 | 경험 |
|---|---|---|
| 주어진 상황에서 직접/전화로 질문하기 | 주어진 상황에서 생긴 문제 해결하기/대안 제시하기/부탁하기 | 주어진 상황 관련 경험 이야기하기 |

## 🔍 시험장에 꼭 챙겨 갈 단어&표현

**недово́лен(ьна)** + 조격 ~이 불만족스럽다 | **одна́жды** 어느 날 | **оказа́ться, что ~** ~임이 밝혀지다, 알게 되다 | **к тому́ же** 게다가, 더군다나 | **пожа́ловаться** 불평하다 | **с тех пор** 그때부터

흐름을 보면서 문장을 구성하는 노하우를 내것으로 만들어 보세요.

| 일어난 시기 | Это бы́ло уже́ давно́. |
|---|---|
| 발생한 문제 설명 | Одна́жды я купи́л(а) руба́шку (брю́ки, пла́тье, ту́фли, кроссо́вки). Оказа́лось, что продаве́ц отпра́вил мне непра́вильный разме́р оде́жды (о́буви). К тому́ же, на ней бы́ло пятно́ (Её ка́чество бы́ло ху́же, чем я ожида́л(а)). |
| 문제 해결 | В ито́ге я поменя́л(а) доста́вленный това́р на друго́й (верну́л(а) свои́ де́ньги обра́тно). |
| 결과 · 나의 느낌 | С тех пор я ре́дко покупа́ю ве́щи че́рез интерне́т. (Я предпочита́ю не покупа́ть ве́щи че́рез интерне́т.) |

 모범 답변 & 해석

언제, 어디서나 쓸 수 있는 만능 표현들을 참고하면서 모범 답변을 살펴보세요.

**모범 답변**

Я расскажу́ о том, как я был(а́) недово́лен(ьна) тем, что купи́л(а). Э́то бы́ло уже́ давно́. 10 лет наза́д я был(а́) о́чень за́нят(а́) на рабо́те, поэ́тому ча́сто де́лал(а) поку́пки в интерне́те. Одна́жды я купи́л(а) руба́шку (брю́ки, пла́тье, ту́фли, кроссо́вки). Оказа́лось, что продаве́ц отпра́вил мне непра́вильный разме́р оде́жды (о́буви). К тому́ же, на ней бы́ло пятно́ (Её ка́чество бы́ло ху́же, чем я ожида́л(а)). Мне бы́ло неприя́тно и я пожа́ловался(лась) в э́тот интерне́т-магази́н. В ито́ге я поменя́л(а) доста́вленный това́р на друго́й (верну́л(а) свои́ де́ньги обра́тно). С тех пор я ре́дко покупа́ю ве́щи че́рез интерне́т. (Я предпочита́ю не покупа́ть ве́щи че́рез интерне́т.)

**해석**

제가 구매한 물건이 불만족스러웠던 상황을 이야기해 드릴게요. 이미 오래전 일인데요. 10년 전에 저는 일이 너무 바빠서 인터넷 쇼핑을 자주 했습니다. 어느 날 셔츠(바지, 원피스, 구두, 운동화)를 구매했습니다. 그런데 판매자가 잘못된 사이즈를 보낸 것을 알게 되었습니다. 게다가 구매한 상품에 얼룩이 있었어요.(상품 품질이 기대한 것보다 별로였어요.) 저는 불쾌했고, 해당 가게에 불만을 표현했습니다. 결국 저는 다른 상품으로 교환했습니다.(환불을 받았습니다.) 그때부터 인터넷으로 물건을 거의 사지 않습니다.(인터넷으로 물건을 사는 것을 선호하지 않습니다.)

 **나만의 답변 만들기**

**답변 전략과 모범 답변을 참고하여 나만의 답변을 구성하고, 연습해 보세요.**

| | |
|---|---|
| ☑ 첫 번째 연습 시간 Check! | 분 초 |
| ☑ 두 번째 연습 시간 Check! | 분 초 |

**OPIc 러시아어 IM 강의** 22강

**질문**

☑ Расскажи́те, пожа́луйста, о ва́шем люби́мом са́йте (веб-са́йте).

☑ Расскажи́те, пожа́луйста, о са́йте, кото́рый вы ча́сто посеща́ете. Когда́ и почему́ вы лю́бите по́льзоваться э́тим са́йтом?

**해석**

☑ 당신이 좋아하는 웹 사이트에 대해 이야기해 보세요.

☑ 당신이 자주 방문하는 웹 사이트에 대해 이야기해 보세요. 당신은 언제, 왜 그 웹 사이트를 이용하는 것을 좋아하나요?

## 3단 콤보 분석

**해당 질문이 어느 유형에 속하는지 파악해 보고, 연이어 나올 수 있는 3단 콤보 주제들까지 함께 살펴보세요.**

| 묘사 | 변화, 활동 | 경험 |
|---|---|---|
| 인터넷에서 주로 하는 일 묘사, 자주 이용하는 웹 사이트 설명 | 과거와 현재의 인터넷 변화, 인터넷 이용 루틴 | 기억에 남는 인터넷 관련 경험, 최근 이용한 인터넷 경험 |

### 🔍 시험장에 꼭 챙겨 갈 단어&표현

**по́льзоваться** + 조격 ~을 사용, 이용하다 | **интерне́т-порта́л** 인터넷 포털 사이트 | **поиско́вая систе́ма** 검색 엔진 | **мо́жно сказа́ть, что ~** ~라고 말할 수 있다 | **проверя́ть** 확인하다

**답변 전략 수립**

흐름을 보면서 문장을 구성하는 노하우를 내것으로 만들어 보세요.

| | |
|---|---|
| 웹 사이트 간단한 특징 | Ча́ще всего́ я по́льзуюсь са́йтом, кото́рый называ́ется «Naver». Э́то кру́пный интерне́т-порта́л и са́мая популя́рная поиско́вая систе́ма в Коре́е. |
| 자주 이용하는 이유 | На э́том са́йте есть мно́го информа́ции в ра́зных сфе́рах. Когда́ я хочу́ узна́ть что́-нибудь, я сра́зу ищу́ э́то на са́йте «Naver». |
| 주로 하는 일 | На нём я проверя́ю электро́нную по́чту, покупа́ю ну́жные ве́щи и узна́ю са́мые после́дние но́вости. |

 **모범 답변 & 해석**

언제, 어디서나 쓸 수 있는 만능 표현들을 참고하면서 모범 답변을 살펴보세요.

**모범 답변**

Я расскажу́ о своём люби́мом са́йте. Ча́ще всего́ я по́льзуюсь са́йтом, кото́рый называ́ется «Naver». Э́то кру́пный интерне́т-порта́л и са́мая популя́рная поиско́вая систе́ма в Коре́е. На э́том са́йте есть мно́го информа́ции в ра́зных сфе́рах. Когда́ я хочу́ узна́ть что́-нибудь, я сра́зу ищу́ э́то на са́йте «Naver». Мо́жно сказа́ть, что ка́ждый день я посеща́ю э́тот сайт. На нём я проверя́ю электро́нную по́чту, покупа́ю ну́жные ве́щи и узна́ю са́мые после́дние но́вости. Я о́чень дово́лен(ьна) э́тим са́йтом.

**해석**

제가 좋아하는 웹 사이트에 대해 이야기해 드릴게요. 저는 주로 '네이버'라는 웹 사이트를 이용합니다. '네이버'는 최대 포털 사이트이자 한국에서 가장 인기 있는 검색 엔진입니다. 이 사이트에는 다양한 분야의 정보가 많이 있습니다. 저는 무언가를 알고 싶을 때, 곧바로 '네이버' 사이트에서 검색합니다. 매일 이 웹 사이트를 방문한다고 말할 수 있습니다. 이메일을 확인하거나 필요한 물건을 구매하고, 가장 최신 뉴스를 알게 됩니다. 저는 이 사이트에 매우 만족합니다.

**나만의 답변 만들기**

**답변 전략과 모범 답변을 참고하여 나만의 답변을 구성하고, 연습해 보세요.**

☑ **첫 번째 연습 시간 Check!**     분     초
☑ **두 번째 연습 시간 Check!**     분     초

OPIc 러시아어 IM 강의

22강

**질문**

- ☑ Расскажи́те, пожа́луйста, кака́я ра́зница ме́жду совреме́нным интерне́том и тем интерне́том, кото́рым вы по́льзовались ра́ньше.
- ☑ Сравни́те, пожа́луйста, совреме́нный интерне́т с тем интерне́том, кото́рый был ра́ньше.
- ☑ Опиши́те, каки́м был интерне́т ра́ньше. Расскажи́те, пожа́луйста, чем он отлича́ется от совреме́нного интерне́та.
- ☑ Расскажи́те, пожа́луйста, как давно́ вы на́чали по́льзоваться интерне́том. Как измени́лся интерне́т с тех пор?

**해석**

- ☑ 당신이 예전에 사용했던 인터넷과 현재의 인터넷은 어떤 차이가 있는지 이야기해 보세요.
- ☑ 과거에 사용되었던 인터넷과 현재의 인터넷을 비교해 보세요.
- ☑ 과거에 사용되었던 인터넷을 묘사해 보세요. 현재의 인터넷과 무슨 차이가 있는지 이야기해 보세요.
- ☑ 얼마나 오래전에 당신이 인터넷을 처음 사용했는지 이야기해 주세요. 그때 이후로 인터넷은 어떻게 바뀌었나요?

## 3단 콤보 분석

해당 질문이 어느 유형에 속하는지 파악해 보고, 연이어 나올 수 있는 3단 콤보 주제들까지 함께 살펴보세요.

| 묘사 | 변화, 활동 | 경험 |
|---|---|---|
| 인터넷에서 주로 하는 일 묘사, 자주 이용하는 웹 사이트 설명 | 과거와 현재의 인터넷 비교, 인터넷 이용 루틴 | 기억에 남는 인터넷 관련 경험, 최근 이용한 인터넷 경험 |

### 🔍 시험장에 꼭 챙겨 갈 단어&표현

**измени́ться** 바뀌다, 변하다 | **ско́рость** 속도 | **страни́ца** 페이지 | **быстре́е** 더 빠르다 | **в настоя́щее вре́мя** 현재, 요즘 | **планше́т** 태블릿 | **развива́ться** 발전하다

흐름을 보면서 문장을 구성하는 노하우를 내것으로 만들어 보세요.

| 처음 사용한 시기 | Я хорошо́ по́мню, когда́ я на́чал(а) по́льзоваться интерне́том. Тогда́ мне бы́ло 10 лет. |
|---|---|
| 변화1 | Во-пе́рвых, тогда́ ско́рость интерне́та была́ о́чень ме́дленная. Что́бы откры́ть но́вую страни́цу са́йта, на́до бы́ло до́лго ждать. Но сейча́с интерне́т стал намно́го быстре́е. |
| 변화2 | Во-вторы́х, ра́ньше мо́жно бы́ло по́льзоваться интерне́том то́лько на компью́тере. А в настоя́щее вре́мя у мно́гих люде́й есть смартфо́ны и́ли планше́ты, поэ́тому ста́ло намно́го ле́гче и удо́бнее. |
| 결과 · 나의 느낌 | Мне удиви́тельно, что техноло́гии так бы́стро развива́ются. |

 모범 답변 & 해석

언제, 어디서나 쓸 수 있는 만능 표현들을 참고하면서 모범 답변을 살펴보세요.

모범 답변

Я хорошо́ по́мню, когда́ я на́чал(а) по́льзоваться интерне́том. Тогда́ мне бы́ло 10 лет. По сравне́нию с про́шлым, мно́гое измени́лось. Во-пе́рвых, тогда́ ско́рость интерне́та была́ о́чень ме́дленная. Что́бы откры́ть но́вую страни́цу са́йта, на́до бы́ло до́лго ждать. Но сейча́с интерне́т стал намно́го быстре́е. Во-вторы́х, ра́ньше мо́жно бы́ло по́льзоваться интерне́том то́лько на компью́тере. А в настоя́щее вре́мя у мно́гих люде́й есть смартфо́ны и́ли планше́ты, поэ́тому ста́ло намно́го ле́гче и удо́бнее. Мне удиви́тельно, что техноло́гии так бы́стро развива́ются.

해석

저는 언제 처음 인터넷을 사용했는지 잘 기억하고 있어요. 제가 10살 때였습니다. 과거와 비교해 보면, 많은 것이 바뀌었습니다. 첫 번째로, 예전에는 인터넷 속도가 매우 느렸습니다. 한 페이지를 열기 위해서는 오래 기다려야만 했습니다. 그러나 지금은 인터넷이 훨씬 빨라졌습니다. 두 번째로, 과거에는 오로지 컴퓨터로만 인터넷을 사용할 수 있었습니다. 그러나 요즘은 많은 사람들이 스마트폰이나 태블릿을 가지고 있기 때문에, 훨씬 쉽고 편리해졌습니다. 저는 기술이 정말 빠르게 발전하고 있다는 점이 놀랍습니다.

 나만의 답변 만들기

**답변 전략과 모범 답변을 참고하여 나만의 답변을 구성하고, 연습해 보세요.**

☑ 첫 번째 연습 시간 Check!    분    초
☑ 두 번째 연습 시간 Check!    분    초

1. _____ реки́ Хан.

저희 동네는 한강으로부터 멀지 않은 곳에 위치합니다.

2. Я о́чень сча́стлива, что _____ .

제게 이렇게 멋진 이웃이 있다는 점이 매우 행복합니다.

3. Э́тот _____ .

이 공원은 매우 크고 아름답습니다.

4. Иногда́ я и́ли _____ и́ли _____ .

때때로 저는 자전거를 타거나 배드민턴을 칩니다.

5. _____ в про́шлую суббо́ту со свое́й сестро́й.

마지막으로는 지난주 토요일에 저희 언니(누나)와 함께 공원에 갔습니다.

6. _____ иностра́нных тури́стов.

여기는 외국 관광객들에게 매우 인기 있는 장소입니다.

7. В интерне́те я _____ и _____ .

인터넷에서 저는 항공권을 사고 호텔 방을 예약합니다.

8. Моя́ семья́ была́ о́чень сча́стлива провести́ вре́мя вме́сте и

_____ .

저희 가족은 다 함께 시간을 보내서 정말 행복했고, 지금까지 그 여행을 잘 기억하고 있습니다.

9. К сожале́нию, _____ .

유감스럽게도 제가 원했던 게 아니네요.

10. _____ в ра́зных сфе́рах.

이 사이트에는 다양한 분야의 정보가 많이 있습니다.

---

정답 **1.** Мой райо́н нахо́дится недалеко́ от **2.** у меня́ есть така́я хоро́шая сосе́дка **3.** парк о́чень большо́й и
краси́вый **4.** ката́юсь на велосипе́де, игра́ю в бадминто́н **5.** В после́дний раз я ходи́л(а) в парк **6.** Э́то
о́чень популя́рное ме́сто для **7.** покупа́ю авиабиле́ты, брони́рую но́мер в гости́нице **8.** до сих пор
хорошо́ по́мнит э́ту пое́здку **9.** э́то не то, чего́ я хоте́л(а) **10.** На э́том са́йте есть мно́го информа́ции

| 기본 주제<br>자기소개 | 1 자기소개(직장인) | 선택 주제<br>운동 | 8 운동 장소 묘사<br>9 운동 루틴<br>10 기억에 남는 경험 |
|---|---|---|---|
| 돌발 주제<br>교통 | 2 교통수단 묘사<br>3 교통수단 과거와 현재 비교<br>4 기억에 남는 경험 | 롤플레이<br>약속 | 11 친구와 약속 잡기<br>12 문제 해결 & 대안 제시<br>13 약속 취소 경험 |
| 선택 주제<br>영화 | 5 영화관 묘사<br>6 관람 전후 활동<br>7 최근 관람 경험 | 기본 주제 +<br>롤플레이<br>거주지 | 14 자신이 좋아하는 방 설명<br>15 집에 관해 질문하기 |

### Question 1  기본  자기소개(직장인)

Дава́йте начнём интервью. Расскажи́те, пожа́луйста, немно́го о себе́.

### Question 2  돌발  교통1: 교통수단 묘사

Расскажи́те, пожа́луйста, об обще́ственном тра́нспорте в ва́шей стране́. Каки́е ви́ды обще́ственного тра́нспорта у вас есть? Како́й тра́нспорт вы предпочита́ете?

### Question 3  돌발  교통2: 교통수단 과거와 현재 비교

Расскажи́те, пожа́луйста, как давно́ вы на́чали по́льзоваться обще́ственным тра́нспортом. Как измени́лась тра́нспортная систе́ма с тех пор?

### Question 4  돌발  교통3: 기억에 남는 경험

Расскажи́те, пожа́луйста, о незабыва́емом собы́тии, кото́рое произошло́, когда́ вы по́льзовались обще́ственным тра́нспортом. Что случи́лось? Где и когда́ э́то произошло́? Что вам осо́бенно запо́мнилось?

### Question 5  선택  영화1: 영화관 묘사

В анке́те вы указа́ли, что вы лю́бите ходи́ть в кинотеа́тр. Опиши́те кинотеа́тр, кото́рый вам бо́льше всего́ нра́вится.

### Question 6  선택  영화2: 관람 전후 활동

Расскажи́те, пожа́луйста, о режи́ме дня, когда́ вы идёте в кинотеа́тр.
Чем вы занима́етесь до и по́сле просмо́тра фи́льма?

## Question 7  선택  영화3: 최근 관람 경험

Расскажи́те, пожа́луйста, когда́ вы в после́дний раз ходи́ли в кинотеа́тр. С кем и что вы там посмотре́ли? Вам бы́ло интере́сно? Что вы де́лали по́сле?

## Question 8  선택  운동1: 운동 장소 묘사

В анке́те вы указа́ли, что лю́бите бе́гать. Где вы обы́чно бе́гаете? Почему́ вы лю́бите бе́гать там? Опиши́те, пожа́луйста, ме́сто, где вы бе́гаете.

## Question 9  선택  운동2: 운동 루틴

В анке́те вы указа́ли, что лю́бите бе́гать. Когда́, где и с кем вы обы́чно бе́гаете? Чем вы занима́етесь, когда́ бе́гаете? Как до́лго вы бе́гаете?

## Question 10  선택  운동3: 기억에 남는 경험

Расскажи́те, пожа́луйста, о незабыва́емом собы́тии, кото́рое произошло́, когда́ вы бе́гали. Что вам осо́бенно запо́мнилось? Что случи́лось?

## Question 11  롤플레이1  약속1: 친구와 약속 잡기

Разыгра́йте сле́дующую ситуа́цию. Дава́йте предполо́жим, что вы хоти́те пойти́ в кино́ со свои́м дру́гом. Позвони́те ва́шему дру́гу и зада́йте 3-4 вопро́са о ва́шей встре́че.

## Question 12  롤플레이2  약속2: 문제 해결 & 대안 제시

Вам даётся пробле́ма, кото́рую вы должны́ реши́ть. Неда́вно вы купи́ли биле́ты в кино́ для себя́ и своего́ дру́га. Но, к сожале́нию, у вас случи́лось что́-то сро́чное и вы не смо́жете пойти́ в кино́. Позвони́те ва́шему дру́гу, объясни́те э́ту ситуа́цию и предложи́те 2-3 вариа́нта реше́ния пробле́мы.

## Question 13  롤플레이3  약속3: 약속 취소 경험

Расскажи́те, пожа́луйста, о ва́шем о́пыте. Вам когда́-нибудь приходи́лось отменя́ть встре́чу со свои́м дру́гом? Е́сли да, расскажи́те, что у вас случи́лось. Объясни́те, почему́ вам пришло́сь поменя́ть свои́ пла́ны.

## Question 14  기본+롤플레이  거주지1: 자신이 좋아하는 방 설명

Расскажи́те мне, пожа́луйста, о ва́шей люби́мой ко́мнате.

## Question 15  기본+롤플레이  거주지2: 집에 관해 질문하기

Я живу́ в го́роде Москва́. Зада́йте мне 3-4 вопро́са о ме́сте, в кото́ром я живу́.

OPIc 러시아어 IM 강의 · 3강

**질문**

- ☑ Расскажи́те мне, пожа́луйста, что́-нибудь о себе́.
- ☑ Дава́йте начнём интервью́. Расскажи́те, пожа́луйста, немно́го о себе́.
- ☑ Предста́вьтесь, пожа́луйста.

**해석**

- ☑ 자기 자신에 대해 무엇이든지 이야기해 보세요.
- ☑ 인터뷰를 시작하겠습니다. 자신에 대해 이야기해 보세요.
- ☑ 자기소개를 해 주세요.

 **만능 템플릿**

**자기소개를 어떠한 내용으로 구성해야 할지 아래 박스를 참고하여 생각해 보세요.**

| 시작 | 본문 | 마무리 |
|------|------|--------|
| 인사말, 말문 트는 표현 | 이름/나이, 가족, 현재 신분, 취미/여가 활동, 성격 | 마치는 말 |

🔍 **시험장에 꼭 챙겨 갈 단어&표현**

**за́мужем** (여자가) 기혼이다 | **отде́л** 팀, 부 | **свобо́дное вре́мя** 자유 시간, 여가 시간 | **занима́ться спо́ртом** 운동하다 | **хара́ктер** 성격 | **общи́тельный** 사교성이 좋은, 사교적인

**답변 전략 수립**

흐름을 보면서 문장을 구성하는 노하우를 내것으로 만들어 보세요.

| 이름 · 나이 | Меня́ зову́т Суджи́н. Мне 30 лет. |
|---|---|
| 가족 | Я уже́ за́мужем. Мой муж о́чень краси́вый и до́брый.<br>У нас есть дочь. Ей 2 го́да. |
| 현재 신분 | Я о́фисный рабо́тник. Сейча́с я рабо́таю в компа́нии SW в отде́ле прода́ж. Я о́чень дово́льна свое́й рабо́той. |
| 취미 · 여가 활동 | Когда́ у меня́ есть свобо́дное вре́мя, я игра́ю в те́ннис с дру́гом.<br>Мне о́чень нра́вится занима́ться спо́ртом. |
| 성격 | Что каса́ется моего́ хара́ктера, я о́чень общи́тельный челове́к.<br>Мне всегда́ прия́тно обща́ться с ра́зными людьми́. |

**모범 답변 & 해석**

언제, 어디서나 쓸 수 있는 만능 표현들을 참고하면서 모범 답변을 살펴보세요.

**모범 답변**

Здра́вствуйте! Я хочу́ рассказа́ть вам о себе́.

Меня́ зову́т Суджи́н. Мне 30 лет. Я о́фисный рабо́тник. Сейча́с я рабо́таю в компа́нии SW в отде́ле прода́ж. Я о́чень дово́льна свое́й рабо́той. Я уже́ за́мужем. Мой муж о́чень краси́вый и до́брый. У нас есть дочь. Ей 2 го́да. В после́днее вре́мя я о́чень занята́ и до́ма, и на рабо́те. Но когда́ у меня́ есть свобо́дное вре́мя, я игра́ю в те́ннис с дру́гом. Мне о́чень нра́вится занима́ться спо́ртом. Что каса́ется моего́ хара́ктера, я о́чень общи́тельный челове́к. Мне всегда́ прия́тно обща́ться с ра́зными людьми́. На э́том всё обо мне́. Спаси́бо!

안녕하세요! 저에 대해서 이야기해 드리고 싶어요.

제 이름은 수진입니다. 저는 30살입니다. 저는 회사원입니다. 현재 저는 SW 회사의 영업 팀에서 근무하고 있습니다. 저는 제 일이 매우 만족스럽습니다. 저는 이미 결혼을 했습니다. 제 남편은 정말 잘생겼고 착합니다. 저희는 딸이 하나 있습니다. 딸은 2살입니다. 최근에 저는 집안일과 회사일로 매우 바쁩니다. 하지만 여가 시간이 생길 때는, 친구와 함께 테니스를 칩니다. 저는 운동하는 것을 매우 좋아합니다. 제 성격에 관해 말씀 드리자면 저는 아주 사교성이 좋은 사람입니다. 저는 다양한 사람들과 만나는 것이 항상 좋습니다. 여기까지가 제 소개였습니다. 감사합니다!

 ## 나만의 답변 만들기

**답변 전략과 모범 답변을 참고하여 나만의 답변을 구성하고, 연습해 보세요.**

☑ **첫 번째 연습 시간 Check!**　　분　　초
☑ **두 번째 연습 시간 Check!**　　분　　초

# Question 2. 돌발 교통(교통수단 묘사)

 **OPIc 러시아어 IM 강의**

21강

**질문**

☑ Расскажи́те, пожа́луйста, об обще́ственном тра́нспорте в ва́шей стране́. Каки́е ви́ды обще́ственного тра́нспорта у вас есть? Како́й тра́нспорт вы предпочита́ете?

**해석**

☑ 당신 나라의 대중교통에 대해 이야기해 주세요. 어떤 대중교통 수단이 있나요? 당신은 어떤 것을 선호하나요?

 **3단 콤보 분석**

해당 질문이 어느 유형에 속하는지 파악해 보고, 연이어 나올 수 있는 3단 콤보 주제들까지 함께 살펴보세요.

| 묘사 | 변화, 활동 | 경험 |
|---|---|---|
| 한국의 교통수단 설명, 본인이 자주 이용하는 교통수단 설명 | 한국의 교통수단 과거와 현재의 변화, 교통수단 이용 시 주로 하는 활동 | 기억에 남는 교통수단 관련 경험, 최근 교통수단 이용 경험 |

**시험장에 꼭 챙겨 갈 단어&표현**

обще́ственный тра́нспорт 대중교통 | городско́й 도시의 | междугоро́дний 시외의, 도시 간의 | про́бка
교통 체증, 마개 | в о́бщем 대체로, 일반적으로 | тра́нспортная систе́ма 교통 시스템

**답변 전략 수립**

흐름을 보면서 문장을 구성하는 노하우를 내것으로 만들어 보세요.

| | |
|---|---|
| 대중교통<br>특징 | Éздить на метро́ – э́то дёшево и удо́бно.<br>Во мно́гих места́х го́рода есть авто́бусные остано́вки. |
| 대중교통<br>종류 | У нас в Коре́е есть ра́зные ви́ды обще́ственного тра́нспорта: авто́бусы, метро́, поезда́ и такси́ (городски́е и междугоро́дние). |
| 본인이<br>선호하는<br>대중교통 | Бо́льше всего́ из них мне нра́вится метро́, потому́ что на доро́гах всегда́ про́бки. А ещё е́здить на метро́ – э́то дёшево и удо́бно. |

**모범 답변 & 해석**

언제, 어디서나 쓸 수 있는 만능 표현들을 참고하면서 모범 답변을 살펴보세요.

> **모범 답변**
>
> Я расскажу́ об обще́ственном тра́нспорте в Коре́е. У нас в Коре́е есть ра́зные ви́ды обще́ственного тра́нспорта: авто́бусы, метро́, поезда́ и такси́ (городски́е и междугоро́дние). Бо́льше всего́ из них мне нра́вится метро́, потому́ что на доро́гах всегда́ про́бки. А ещё е́здить на метро́ – э́то дёшево и удо́бно. Что каса́ется авто́бусов, во мно́гих места́х го́рода есть авто́бусные остано́вки. Ду́маю, что в о́бщем, в Коре́е о́чень удо́бная тра́нспортная систе́ма.

> **해석**
>
> 한국의 대중교통에 관해 이야기해 드릴게요. 한국에는 버스, 지하철, 기차, 택시(시내 및 시외) 등 다양한 대중교통 수단이 있습니다. 그중에서도 저는 지하철을 가장 좋아합니다. 왜냐하면 도로에는 항상 교통 체증이 있기 때문입니다. 또한 지하철을 타고 다니면 저렴하고 편리합니다. 버스에 관해 말해 보자면, 시내 많은 장소에 버스 정류장이 있습니다. 저는 전반적으로 한국이 아주 편리한 교통 시스템을 갖추고 있다고 생각합니다.

## 나만의 답변 만들기

답변 전략과 모범 답변을 참고하여 나만의 답변을 구성하고, 연습해 보세요.

**OPIc 러시아어 IM 강의** 〔21강〕

〔질문〕

☑ Расскажи́те, пожа́луйста, как давно́ вы на́чали по́льзоваться обще́ственным тра́нспортом. Как измени́лась тра́нспортная систе́ма с тех пор?

☑ Расскажи́те, пожа́луйста, как измени́лась тра́нспортная систе́ма с тех пор, как вы бы́ли ма́леньким(ой)?

〔해석〕

☑ 얼마나 오래전에 당신이 대중교통을 처음 이용했는지 이야기해 주세요. 그때 이후로 교통 시스템이 어떻게 바뀌었나요?

☑ 당신이 어렸을 때 이후로 교통 시스템이 어떻게 바뀌었는지 이야기해 주세요.

## 📖 3단 콤보 분석

**해당 질문이 어느 유형에 속하는지 파악해 보고, 연이어 나올 수 있는 3단 콤보 주제들까지 함께 살펴보세요.**

| 묘사 | 변화, 활동 | 경험 |
|---|---|---|
| 한국의 교통수단 설명, 본인이 자주 이용하는 교통수단 설명 | 한국의 교통수단 과거와 현재의 변화, 교통수단 이용 시 주로 하는 활동 | 기억에 남는 교통수단 관련 경험, 최근 교통수단 이용 경험 |

## 🔍 시험장에 꼭 챙겨 갈 단어&표현

**по сравне́нию с** + 조격 ~와 비교하면 | **про́шлое (вре́мя)** 과거 | **во-пе́рвых** 첫 번째로 | **маршру́т** 노선, 경로 | **во-вторы́х** 두 번째로 | **нали́чные** 현금 | **ита́к** 결국, 이렇듯 | **улучша́ться** 개선되다, 나아지다

**흐름을 보면서 문장을 구성하는 노하우를 내것으로 만들어 보세요.**

| 처음 교통수단 이용 시기 | Я нáчал(á) пóльзоваться общéственным трáнспортом в 10 лет. |
| --- | --- |
| 변화1 | Во-пéрвых, рáньше бы́ло тóлько нéсколько лйний метрó и автóбусных маршрýтов. А сейчáс их колйчество стáло намнóго бóльше. |
| 변화2 | Во-вторы́х, в прóшлом люди моглй платйть за проéзд тóлько налйчными. А в настоя́щее врéмя онй предпочитáют трáнспортную кáрту, потомý что э́то бóлее удóбно. |
| 나의 느낌 | Итáк, благодаря́ передовы́м технолóгиям корéйская трáнспортная систéма постоя́нно улучшáется. |

 모범 답변 & 해석

**언제, 어디서나 쓸 수 있는 만능 표현들을 참고하면서 모범 답변을 살펴보세요.**

모범 답변

Я нáчал(á) пóльзоваться общéственным трáнспортом в 10 лет. По сравнéнию с прóшлым, мнóгое изменйлось. Во-пéрвых, рáньше бы́ло тóлько нéсколько лйний метрó и автóбусных маршрýтов. А сейчáс их колйчество стáло намнóго бóльше. Во-вторы́х, в прóшлом люди моглй платйть за проéзд тóлько налйчными. А в настоя́щее врéмя онй предпочитáют трáнспортную кáрту, потомý что э́то бóлее удóбно. Итáк, благодаря́ передовы́м технолóгиям корéйская трáнспортная систéма постоя́нно улучшáется.

저는 10살 때 처음 대중교통을 이용했습니다. 과거와 비교해 보면 많은 것이 바뀌었습니다. 첫 번째로, 예전에는 지하철 노선과 버스 노선이 몇 개밖에 없었습니다. 지금은 노선이 아주 많아졌어요. 두 번째로, 과거에는 사람들이 오로지 현금으로만 운임을 지불할 수 있었습니다. 반면, 현재는 사람들이 교통 카드를 더 선호합니다. 이것이 훨씬 편리하기 때문입니다. 이렇듯 첨단 기술 덕분에 한국 교통 시스템은 꾸준히 발전하고 있습니다.

 ## 나만의 답변 만들기

**답변 전략과 모범 답변을 참고하여 나만의 답변을 구성하고, 연습해 보세요.**

| | |
|---|---|
| ☑ 첫 번째 연습 시간 Check! | 분 초 |
| ☑ 두 번째 연습 시간 Check! | 분 초 |

## Question 4. 돌발 교통(기억에 남는 경험)

 **OPIc 러시아어 IM 강의** 21강

**질문**

☑ Расскажи́те, пожа́луйста, о незабыва́емом собы́тии, кото́рое произошло́,
когда́ вы по́льзовались обще́ственным тра́нспортом. Что случи́лось? Где
и когда́ э́то произошло́? Что вам осо́бенно запо́мнилось?

**해석**

☑ 당신이 대중교통을 이용하면서 일어난 기억에 남는 사건에 대해 이야기해 주세요. 무슨 일이 있었나요?
어디에서, 언제 일어났나요? 특별히 무엇이 당신에게 기억에 남나요?

 **3단 콤보 분석**

해당 질문이 어느 유형에 속하는지 파악해 보고, 연이어 나올 수 있는 3단 콤보 주제들까지 함께 살펴보세요.

| 묘사 | 변화, 활동 | 경험 |
|---|---|---|
| 한국의 교통수단 설명, 본인이 자주 이용하는 교통수단 설명 | 한국의 교통수단 과거와 현재의 변화, 교통수단 이용 시 주로 하는 활동 | 기억에 남는 교통수단 관련 경험, 최근 교통수단 이용 경험 |

🔍 **시험장에 꼭 챙겨 갈 단어&표현**

си́льный дождь 장대비, 강한 비 | останови́ться 멈추다, 서다 | це́лый 온전한, 전체의 | автомоби́льная
ава́рия 교통사고 | в ито́ге 결국, 결과적으로

흐름을 보면서 문장을 구성하는 노하우를 내것으로 만들어 보세요.

| 일어난 시기 · 장소 | Два ме́сяца наза́д у́тром я е́хал(а) на рабо́ту на авто́бусе. |
|---|---|
| 벌어진 상황 · 기억에 남는 이유 | Тогда́ шёл си́льный дождь. Мой авто́бус вдруг останови́лся на доро́ге, и я сиде́л(а) в авто́бусе це́лый час. Пото́м я по́нял(а́), что на доро́ге произошла́ автомоби́льная ава́рия. |
| 나의 느낌 | В ито́ге я опозда́л(а) на рабо́ту. С тех пор, когда́ плоха́я пого́да, я всегда́ е́зжу на метро́. |

 **모범 답변 & 해석**

언제, 어디서나 쓸 수 있는 만능 표현들을 참고하면서 모범 답변을 살펴보세요.

**모범 답변**

Как я уже́ сказа́л(а), я люблю́ е́здить на метро́. Но иногда́ е́зжу на авто́бусе. Два ме́сяца наза́д у́тром я е́хал(а) на рабо́ту на авто́бусе. Тогда́ шёл си́льный дождь. Мой авто́бус вдруг останови́лся на доро́ге, и я сиде́л(а) в авто́бусе це́лый час. Пото́м я по́нял(а́), что на доро́ге произошла́ автомоби́льная ава́рия. В ито́ге я опозда́л(а) на рабо́ту. С тех пор, когда́ плоха́я пого́да, я всегда́ е́зжу на метро́.

**해석**

제가 이미 말씀 드린 대로 저는 지하철을 타고 다니는 것을 좋아합니다. 그러나 가끔 버스를 타기도 합니다. 2달 전, 아침에 저는 버스를 타고 출근하던 길이었습니다. 그때는 비가 많이 내리고 있었습니다. 제가 탄 버스가 갑자기 도로에서 멈췄고, 저는 1시간 내내 버스에 앉아 있었습니다. 도로에 교통사고가 났다는 사실을 나중에 알게 되었습니다. 결국 저는 회사에 지각했습니다. 그때 이후로 날씨가 좋지 않은 날엔, 저는 항상 지하철을 타고 다닙니다.

**나만의 답변 만들기**

**답변 전략과 모범 답변을 참고하여 나만의 답변을 구성하고, 연습해 보세요.**

☑ **첫 번째 연습 시간 Check!**　　분　　초
☑ **두 번째 연습 시간 Check!**　　분　　초

# Question 5. 선택 영화(영화관 묘사)

 **OPIc 러시아어 IM 강의** `6강`

### 질문

☑ Расскажи́те, пожа́луйста, о кинотеа́тре, в кото́рый вы ча́сто хо́дите. Где он нахо́дится?

☑ В анке́те вы указа́ли, что вы лю́бите ходи́ть в кинотеа́тр. Опиши́те кинотеа́тр, кото́рый вам бо́льше всего́ нра́вится.

### 해석

☑ 당신이 자주 가는 영화관에 대해 이야기해 주세요. 그 영화관은 어디에 위치해 있나요?

☑ 설문조사에 당신은 영화관에 가는 것을 좋아한다고 체크했습니다. 당신이 가장 좋아하는 영화관을 묘사해 보세요.

 ## 3단 콤보 분석

해당 질문이 어느 유형에 속하는지 파악해 보고, 연이어 나올 수 있는 3단 콤보 주제들까지 함께 살펴보세요.

| 묘사 | 변화, 활동 | 경험 |
|---|---|---|
| 관람 장소 묘사, 좋아하는 장르, 배우 설명 | 관람 전후 활동, 과거의 영화 취향 | 기억에 남는 영화 관람 경험, 최근 관람 경험 |

### 시험장에 꼭 챙겨 갈 단어&표현

**пешко́м** 도보로, 걸어서 | **райо́н** 지역, 동네 | **мно́го наро́ду** 사람이 많다 | **кре́сло** 팔걸이 의자, 좌석 | **экра́н** 스크린, 화면 | **чу́вствовать себя́** + 부사 (스스로) ~하게 느끼다 | **комфо́ртно** 편안하게, 안락하게

흐름을 보면서 문장을 구성하는 노하우를 내것으로 만들어 보세요.

| 이름·위치 | Я ча́сто хожу́ в кинотеа́тр, кото́рый называ́ется CGV. Он нахо́дится о́коло моего́ до́ма. |
|---|---|
| 특징·분위기·시설 | Э́тот кинотеа́тр са́мый большо́й в моём райо́не, поэ́тому там всегда́ мно́го наро́ду. Во мно́гих за́лах кинотеа́тра пока́зывают не то́лько но́вые фи́льмы, но и ста́рые. |
| 나의 느낌 | Бо́льше всего́ мне там нра́вятся удо́бные кре́сла и больши́е экра́ны. Когда́ я смотрю́ фи́льмы в э́том кинотеа́тре, я чу́вствую себя́ о́чень комфо́ртно. |

 **모범 답변 & 해석**

언제, 어디서나 쓸 수 있는 만능 표현들을 참고하면서 모범 답변을 살펴보세요.

**모범 답변**

Я ча́сто хожу́ в кинотеа́тр, кото́рый называ́ется CGV. Он нахо́дится о́коло моего́ до́ма. Я всегда́ хожу́ туда́ пешко́м. Э́тот кинотеа́тр са́мый большо́й в моём райо́не, поэ́тому там всегда́ мно́го наро́ду. Во мно́гих за́лах кинотеа́тра пока́зывают не то́лько но́вые фи́льмы, но и ста́рые. Бо́льше всего́ мне там нра́вятся удо́бные кре́сла и больши́е экра́ны. Когда́ я смотрю́ фи́льмы в э́том кинотеа́тре, я чу́вствую себя́ о́чень комфо́ртно.

**해석**

저는 CGV라는 영화관에 자주 갑니다. 영화관은 저의 집 근처에 위치합니다. 저는 항상 그곳에 걸어 다닙니다. 그 영화관은 우리 동네에서 가장 큰 영화관이라 항상 사람이 많습니다. 많은 상영관에서 신작뿐만 아니라 예전 영화들도 상영됩니다. 제가 가장 마음에 드는 점은 편안한 의자와 큰 스크린입니다. 그곳에서 영화를 볼 때 저는 매우 편안하다고 느낍니다.

**나만의 답변 만들기**

**답변 전략과 모범 답변을 참고하여 나만의 답변을 구성하고, 연습해 보세요.**

| | | | |
|---|---|---|---|
| ☑ 첫 번째 연습 시간 Check! | 분 | 초 | |
| ☑ 두 번째 연습 시간 Check! | 분 | 초 | |

## Question 6. 선택 영화(관람 전후 활동)

 **OPIc 러시아어 IM 강의** `6강`

### 질문

☑ Расскажи́те, пожа́луйста, о режи́ме дня, когда́ вы идёте в кинотеа́тр. Чем вы занима́етесь до и по́сле просмо́тра фи́льма?

☑ В анке́те вы указа́ли, что лю́бите ходи́ть в кинотеа́тр. С кем и как ча́сто вы хо́дите туда́? Чем вы занима́етесь до и по́сле просмо́тра фи́льма?

### 해석

☑ 당신이 영화관에 가는 루틴에 대해 이야기해 주세요. 영화를 보기 전과 후에는 무엇을 합니까?

☑ 설문조사에 당신은 영화관에 가는 것을 좋아한다고 체크했습니다. 당신은 누구와 함께, 얼마나 자주 영화관에 가나요? 영화를 보기 전과 후에는 무엇을 합니까?

## 3단 콤보 분석

**해당 질문이 어느 유형에 속하는지 파악해 보고, 연이어 나올 수 있는 3단 콤보 주제들까지 함께 살펴보세요.**

| 묘사 | 변화, 활동 | 경험 |
|---|---|---|
| 관람 장소 묘사, 좋아하는 장르, 배우 설명 | 관람 전후 활동, 과거의 영화 취향 | 기억에 남는 영화 관람 경험, 최근 관람 경험 |

## 시험장에 꼭 챙겨 갈 단어&표현

**одина́ковый** 동일한, 같은 | **вкус** 맛, 취향 | **просмо́тр** 시청, 관람 | **ски́дка** 할인, 세일 | **обяза́тельно** 반드시, 꼭 | **напи́ток** 음료, 마실 것 | **обсужда́ть** 논의하다, 토론하다

흐름을 보면서 문장을 구성하는 노하우를 내것으로 만들어 보세요.

| 빈도·동반자 | Обы́чно я хожу́ в кинотеа́тр 2 ра́за в ме́сяц с мои́м дру́гом. |
|---|---|
| 관람 전에 하는 일 | До просмо́тра фи́льма я покупа́ю биле́ты в интерне́те, где мо́жно получи́ть ски́дки. |
| 도착 후에 하는 일 | Когда́ мы прихо́дим в кинотеа́тр, снача́ла обяза́тельно покупа́ем попко́рн и напи́тки. |
| 관람 후에 하는 일 | По́сле просмо́тра фи́льма мы идём пое́сть что́-нибудь в рестора́н и́ли кафе́. А ещё мы обсужда́ем фильм, кото́рый вме́сте посмотре́ли. |

 **모범 답변 & 해석**

언제, 어디서나 쓸 수 있는 만능 표현들을 참고하면서 모범 답변을 살펴보세요.

**모범 답변**

Обы́чно я хожу́ в кинотеа́тр 2 ра́за в ме́сяц с мои́м дру́гом. У нас одина́ковый вкус на фи́льмы. До просмо́тра фи́льма я покупа́ю биле́ты в интерне́те, где мо́жно получи́ть ски́дки. Когда́ мы прихо́дим в кинотеа́тр, снача́ла обяза́тельно покупа́ем попко́рн и напи́тки. Иногда́ я пью ко́фе с попко́рном. По́сле просмо́тра фи́льма мы идём пое́сть что́-нибудь в рестора́н и́ли кафе́. А ещё мы обсужда́ем фильм, кото́рый вме́сте посмотре́ли.

저는 보통 한 달에 두 번씩 친구와 함께 영화관에 갑니다. 우리는 영화 취향이 같습니다. 영화 보기 전에 저는 인터넷에서 티켓을 구매합니다. 인터넷에서는 할인을 받을 수 있습니다. 영화관에 도착해서는 먼저 반드시 팝콘과 음료수를 삽니다. 가끔 저는 팝콘과 함께 커피를 마십니다. 영화를 보고 나서는 무엇이라도 조금 먹기 위해 우리는 레스토랑이나 카페에 갑니다. 그리고 또한 우리가 함께 본 영화에 대해 이야기를 나눕니다.

 ## 나만의 답변 만들기

**답변 전략과 모범 답변을 참고하여 나만의 답변을 구성하고, 연습해 보세요.**

☑ **첫 번째 연습 시간 Check!**　　분　　초
☑ **두 번째 연습 시간 Check!**　　분　　초

# Question 7. 선택 영화(최근 관람 경험)

 **OPic 러시아어 IM 강의**

`8강`

**질문**

☑ Расскажи́те, пожа́луйста, когда́ вы в после́дний раз ходи́ли в кинотеа́тр.
С кем и что вы там посмотре́ли? Вам бы́ло интере́сно?
(Вам понра́вилось?) Что вы де́лали по́сле?

**해석**

☑ 당신이 마지막으로 영화관에 간 상황에 대해 이야기해 주세요. 당신은 그곳에서 누구와 함께, 무엇을 보았
나요? 재미있었나요? (만족스러웠나요?) 그 이후에는 무엇을 했나요?

## 3단 콤보 분석

해당 질문이 어느 유형에 속하는지 파악해 보고, 연이어 나올 수 있는 3단 콤보 주제들까지 함께 살펴보세요.

| 묘사 | 변화, 활동 | 경험 |
|---|---|---|
| 관람 장소 묘사,<br>좋아하는 장르, 배우 설명 | 관람 전후 활동,<br>과거의 영화 취향 | 기억에 남는 영화 관람 경험,<br>최근 관람 경험 |

## 시험장에 꼭 챙겨 갈 단어&표현

**после́дний** 최근의, 마지막의 | **люби́мый** 좋아하는 | **мне ка́жется(, что ~)** 내 생각에는 ~인 것 같다 |
**популя́рный** 인기 있는 | **пе́сня из фи́льма** 영화 음악(OST) | **провести́ вре́мя** 시간을 보내다

 **답변 전략 수립**

흐름을 보면서 문장을 구성하는 노하우를 내것으로 만들어 보세요.

| 관람 시기 · 동행인 | В после́дний раз я ходи́л(а) в кинотеа́тр ме́сяц наза́д. Как всегда́, мой друг Анто́н ходи́л со мно́й. |
|---|---|
| 관람 작품 정보 | Мы посмотре́ли мой са́мый люби́мый фильм «Тита́ник». Мне ка́жется, что э́то са́мый популя́рный и лу́чший фильм в ми́ре. |
| 관람 전후 하는 일 | По́сле его́ просмо́тра мы с дру́гом погуля́ли в па́рке. |
| 감상평 | Бо́льше всего́ мне понра́вились пе́сни из фи́льма. Мы о́чень хорошо́ провели́ вре́мя. |

 **모범 답변 & 해석**

언제, 어디서나 쓸 수 있는 만능 표현들을 참고하면서 모범 답변을 살펴보세요.

> 모범 답변
>
> В после́дний раз я ходи́л(а) в кинотеа́тр <mark>ме́сяц наза́д</mark>. Как всегда́, мой друг Анто́н ходи́л со мно́й. Мы посмотре́ли мой са́мый люби́мый фильм «Тита́ник». Мне ка́жется, что э́то са́мый популя́рный и лу́чший фильм в ми́ре. Я уже́ не́сколько раз смотре́л(а) его́ и ка́ждый раз <mark>мне бы́ло интере́сно</mark>. Бо́льше всего́ мне понра́вились пе́сни из фи́льма. По́сле его́ просмо́тра мы с дру́гом погуля́ли в па́рке. Мы о́чень <mark>хорошо́ провели́ вре́мя</mark>.

**해석**

1달 전에 저는 마지막으로 영화관에 다녀왔습니다. 늘 그렇듯, 제 친구 안톤은 저와 함께 영화관에 갔습니다. 우리는 제가 가장 좋아하는 영화인 '타이타닉'을 봤습니다. 제 생각에는 이 영화가 세계에서 가장 인기 있고, 훌륭한 영화인 것 같습니다. 저는 이미 여러 번 영화를 보았지만, 매번 저는 재미있었습니다. 무엇보다도 저는 영화 OST가 가장 마음에 들었습니다. 영화를 보고 나서 우리는 공원에서 산책했습니다. 우리는 시간을 아주 잘 보냈습니다.

 **나만의 답변 만들기**

**답변 전략과 모범 답변을 참고하여 나만의 답변을 구성하고, 연습해 보세요.**

| | | | |
|---|---|---|---|
| ☑ 첫 번째 연습 시간 Check! | | 분 | 초 |
| ☑ 두 번째 연습 시간 Check! | | 분 | 초 |

**OPIc 러시아어 IM 강의**                                                13강

**질문**

☑ В анкéте вы указáли, что лю́бите бéгать. Где вы обы́чно бéгаете? Почемý вы лю́бите бéгать там? Опиши́те, пожáлуйста, мéсто, где вы бéгаете.

**해석**

☑ 설문조사에 당신은 조깅하는 것을 좋아한다고 체크했습니다. 보통 당신은 어디서 조깅하나요? 왜 거기서 뛰는 것을 좋아하나요? 당신이 조깅하는 장소를 묘사해 보세요.

## 3단 콤보 분석

**해당 질문이 어느 유형에 속하는지 파악해 보고, 연이어 나올 수 있는 3단 콤보 주제들까지 함께 살펴보세요.**

| 묘사 | 변화, 활동 | 경험 |
|---|---|---|
| 조깅(걷기)하는 장소 설명 | 조깅(걷기) 전후 활동, 조깅 루틴 | 조깅(걷기) 관련 기억에 남는 경험, 조깅에 관심 갖게 된 계기 |

### 시험장에 꼭 챙겨 갈 단어&표현

**бéгать** 달리다, 뛰어다니다 | **бéрег óзера** 호숫가 | **в-трéтьих** 세 번째로 | **дышáть** 호흡하다, 숨 쉬다 | **свéжий вóздух** 신선한 공기 | **подходи́ть** 적합하다, 알맞다, 접근하다

흐름을 보면서 문장을 구성하는 노하우를 내것으로 만들어 보세요.

| | |
|---|---|
| 조깅하는 장소 | Я обы́чно бе́гаю в па́рке, кото́рый называ́ется «Олимпи́йский Парк». |
| 주변 분위기·시설 | В па́рке есть большо́е и краси́вое о́зеро.<br>В э́том па́рке есть мно́го дере́вьев и ра́зных расте́ний. |
| 자주 가는 이유 | Во-пе́рвых, э́тот парк нахо́дится недалеко́ от моего́ до́ма.<br>Во-вторы́х, в па́рке есть большо́е и краси́вое о́зеро.<br>В-тре́тьих, там мо́жно дыша́ть све́жим во́здухом. |
| 나의 느낌·생각 | Мне нра́вится бе́гать по бе́регу о́зера.<br>Ду́маю, что для спо́рта э́то ме́сто мне о́чень подхо́дит. |

 **모범 답변 & 해석**

언제, 어디서나 쓸 수 있는 만능 표현들을 참고하면서 모범 답변을 살펴보세요.

**모범 답변**

Я обы́чно бе́гаю в па́рке, кото́рый называ́ется «Олимпи́йский Парк». Сейча́с я объясню́, почему́ я люблю́ там бе́гать. Во-пе́рвых, э́тот парк нахо́дится недалеко́ от моего́ до́ма. Я всегда́ хожу́ туда́ пешко́м. Во-вторы́х, в па́рке есть большо́е и краси́вое о́зеро. Мне нра́вится бе́гать по бе́регу о́зера. В-тре́тьих, там мо́жно дыша́ть све́жим во́здухом, потому́ что в э́том па́рке есть мно́го дере́вьев и ра́зных расте́ний. Ду́маю, что для спо́рта э́то ме́сто мне о́чень подхо́дит.

저는 보통 '올림픽공원'에서 조깅을 합니다. 왜 제가 그곳에서 조깅하는 것을 좋아하는지 설명해 드릴게요. 첫 번째로, 이 공원은 저의 집에서 멀지 않은 곳에 위치합니다. 항상 저는 공원에 걸어 다닙니다. 두 번째로, 공원에는 크고 아름다운 호수가 있습니다. 저는 이 호숫가를 따라 뛰는 것을 좋아합니다. 세 번째로, 신선한 공기를 맡을 수 있습니다. 왜냐하면 이 공원에는 나무와 다양한 식물들이 많기 때문입니다. 저는 운동하는 데 있어 이 장소가 저에게 아주 적합하다고 생각합니다.

 ## 나만의 답변 만들기

**답변 전략과 모범 답변을 참고하여 나만의 답변을 구성하고, 연습해 보세요.**

☑ **첫 번째 연습 시간 Check!** 　분　　초
☑ **두 번째 연습 시간 Check!** 　분　　초

# Question 9. 선택 운동(운동 루틴)

 **OPIc 러시아어 IM 강의** 13강

**질문**

☑ В анкéте вы указáли, что лю́бите бéгать. Когдá, где и с кем вы обы́чно бéгаете? Чем вы занимáетесь, когдá бéгаете? Как дóлго вы бéгаете?

**해석**

☑ 설문조사에 당신은 조깅하는 것을 좋아한다고 체크했습니다. 보통 당신은 언제, 어디서, 누구와 함께 조깅하나요? 조깅할 때 무엇을 합니까? 얼마나 오랫동안 뜁니까?

## 3단 콤보 분석

해당 질문이 어느 유형에 속하는지 파악해 보고, 연이어 나올 수 있는 3단 콤보 주제들까지 함께 살펴보세요.

| 묘사 | 변화, 활동 | 경험 |
|---|---|---|
| 조깅(걷기) 하는 장소 설명 | 조깅(걷기) 전후 활동, 조깅 루틴 | 조깅(걷기) 관련 기억에 남는 경험, 조깅에 관심 갖게 된 계기 |

## 🔍 시험장에 꼭 챙겨 갈 단어&표현

**старáться** ~하려고 애쓰다, 노력하다 | **как мóжно чáще** 최대한 자주 | **размúнка** 준비 운동 | **трýдность** 어려움, 고난 | **занимáться бéгом** 조깅하다, 달리기하다 | **примéрно** 대략, 약

**답변 전략 수립**

흐름을 보면서 문장을 구성하는 노하우를 내것으로 만들어 보세요.

| 장소, 시기 · 동반자 | Я стара́юсь бе́гать в своём люби́мом па́рке как мо́жно ча́ще. Обы́чно по́сле рабо́ты я хожу́ туда́ одна́. |
|---|---|
| 조깅 전후 하는 일 | Снача́ла я обяза́тельно де́лаю разми́нку. Когда́ я бе́гаю в па́рке, всегда́ слу́шаю му́зыку, обы́чно э́то весёлые пе́сни. А та́кже я стара́юсь не ду́мать о свои́х тру́дностях. |
| 조깅 빈도 · 시간 | Обы́чно я занима́юсь бе́гом не так до́лго – приме́рно 30 мину́т. |
| 나의 느낌 · 생각 | Э́то о́чень поле́зно для меня́. В о́бщем, я дово́льна свое́й спорти́вной жи́знью. |

 **모범 답변 & 해석**

언제, 어디서나 쓸 수 있는 만능 표현들을 참고하면서 모범 답변을 살펴보세요.

> 모범 답변
>
> Сейча́с я на дие́те, поэ́тому я стара́юсь бе́гать в своём люби́мом па́рке как мо́жно ча́ще. Обы́чно по́сле рабо́ты я хожу́ туда́ одна́. Снача́ла я обяза́тельно де́лаю разми́нку. Когда́ я бе́гаю в па́рке, всегда́ слу́шаю му́зыку, обы́чно э́то весёлые пе́сни. Мне ка́жется, бы́стрые те́мпы помога́ют занима́ться бе́гом ещё лу́чше. А та́кже я стара́юсь не ду́мать о свои́х тру́дностях. Э́то о́чень поле́зно для меня́. Обы́чно я занима́юсь бе́гом не так до́лго – приме́рно 30 мину́т. В о́бщем, я дово́льна свое́й спорти́вной жи́знью.

해석

지금 저는 다이어트 중입니다. 그래서 제가 좋아하는 공원에서 최대한 자주 조깅을 하려고 노력합니다. 저는 보통 퇴근 후에 혼자서 공원에 갑니다. 먼저 반드시 준비 운동을 합니다. 조깅을 할 때는 음악을 항상 듣는데, 주로 신나는 노래를 듣습니다. 저는 템포가 빠른 음악이 조깅을 더 잘할 수 있게 도와준다고 생각합니다. 또한 저는 힘든 것을 생각하지 않으려고 애씁니다. 이것은 저에게 큰 도움이 됩니다. 보통 저는 그렇게 오랫동안 뛰지는 않습니다. 대략 30분 정도 조깅합니다. 저는 전반적으로 저의 스포츠 생활이 만족스럽습니다.

 나만의 답변 만들기

**답변 전략과 모범 답변을 참고하여 나만의 답변을 구성하고, 연습해 보세요.**

| | |
|---|---|
| ☑ 첫 번째 연습 시간 Check! | 분 초 |
| ☑ 두 번째 연습 시간 Check! | 분 초 |

# 해설 및 모범 답변 / set 2

## Question 10. 선택 운동(기억에 남는 경험)

 **OPIc 러시아어 IM 강의** `14강`

**질문**

☑ Расскажи́те, пожа́луйста, о незабыва́емом собы́тии, кото́рое произошло́, когда́ вы бе́гали. Что вам осо́бенно запо́мнилось? Что случи́лось?

**해석**

☑ 당신이 조깅하면서 일어난 기억에 남는 사건에 대해 이야기해 주세요. 특별히 무엇이 당신에게 기억에 남나요? 무슨 일이 있었나요?

 **3단 콤보 분석**

해당 질문이 어느 유형에 속하는지 파악해 보고, 연이어 나올 수 있는 3단 콤보 주제들까지 함께 살펴보세요.

| 묘사 | 변화, 활동 | 경험 |
|---|---|---|
| 조깅(걷기)하는 장소 설명 | 조깅(걷기) 전후 활동, 조깅 루틴 | 조깅(걷기) 관련 기억에 남는 경험, 조깅에 관심 갖게 된 계기 |

### 🔍 시험장에 꼭 챙겨 갈 단어&표현

**забы́ть** 잊다 | **сра́зу** 곧바로, 즉시 | **боле́ть** 아프다 | **дви́гаться** 움직이다 | **стра́шно** 무섭다, 끔찍하게 | **ско́рая по́мощь** 구급차 | **к сча́стью** 다행히도 | **с тех пор** 그때 이후로

**답변 전략 수립**

흐름을 보면서 문장을 구성하는 노하우를 내것으로 만들어 보세요.

| 장소, 시기 · 동반자 | Год наза́д, как всегда́, я пошёл(ла́) в парк бе́гать со свои́м дру́гом. |
|---|---|
| 일어난 상황 | Мы забы́ли сде́лать разми́нку и сра́зу на́чали бе́гать. Вдруг у меня́ на́чали боле́ть но́ги. Я совсе́м не мог(ла́) дви́гаться. Тогда́ мне ста́ло о́чень стра́шно. Мой друг вы́звал ско́рую по́мощь. |
| 결과 · 나의 느낌 | К сча́стью, у меня́ бы́ло всё норма́льно. С тех пор я обяза́тельно де́лаю разми́нку. |

 **모범 답변 & 해석**

언제, 어디서나 쓸 수 있는 만능 표현들을 참고하면서 모범 답변을 살펴보세요.

**모범 답변**

Я расскажу́ об одно́м собы́тии, кото́рое мне осо́бенно запо́мнилось. Год наза́д, как всегда́, я пошёл(ла́) в парк бе́гать со свои́м дру́гом. Мы забы́ли сде́лать разми́нку и сра́зу на́чали бе́гать. Вдруг у меня́ на́чали боле́ть но́ги. Я совсе́м не мог(ла́) дви́гаться. Тогда́ мне ста́ло о́чень стра́шно. Мой друг вы́звал ско́рую по́мощь. К сча́стью, у меня́ бы́ло всё норма́льно. С тех пор я обяза́тельно де́лаю разми́нку.

**해석**

제가 특히 기억에 남는 하나의 사건에 대해 이야기해 드릴게요. 1년 전, 늘 그렇듯 저는 친구와 함께 조깅을 하러 공원에 갔습니다. 우리는 준비 운동 하는 것을 잊었고, 곧바로 뛰기 시작했습니다. 갑자기 저는 다리가 아프기 시작했습니다. 전혀 움직일 수가 없었습니다. 그 당시에 저는 정말 무서웠고, 제 친구는 구급차를 불렀습니다. 다행히도 저는 모두 괜찮아졌습니다. 그때 이후로 저는 반드시 준비 운동을 합니다.

**나만의 답변 만들기**

**답변 전략과 모범 답변을 참고하여 나만의 답변을 구성하고, 연습해 보세요.**

**OPIc 러시아어 IM 강의**

26강

**질문**

☑ Разыгра́йте сле́дующую ситуа́цию. (Разыгра́йте, пожа́луйста, ситуа́цию, кото́рая бу́дет вам предло́жена.) Дава́йте предполо́жим, что вы хоти́те пойти́ в кино́ со свои́м дру́гом. Позвони́те ва́шему дру́гу и зада́йте 3-4 вопро́са о ва́шей встре́че.

**해석**

☑ 다음 상황을 연기해 보세요.(당신에게 주어질 상황을 연기해 보세요.) 당신이 친구와 함께 영화관에 가고 싶다고 가정해 봅시다. 친구에게 전화를 걸어 만남에 관한 3~4가지 질문을 하세요.

## 3단 콤보 분석

해당 질문이 어느 유형에 속하는지 파악해 보고, 연이어 나올 수 있는 3단 콤보 주제들까지 함께 살펴보세요.

| 질문/약속 | 문제 해결/<br>대안 제시/부탁 | 경험 |
|---|---|---|
| 주어진 상황에서<br>직접/전화로 질문하기 | 주어진 상황에서 생긴<br>문제 해결하기/<br>대안 제시하기/부탁하기 | 주어진 상황 관련<br>경험 이야기하기 |

### 🔍 시험장에 꼭 챙겨 갈 단어&표현

**за́нят(а́)** 바쁘다 | **встре́титься** 만나다 | **удо́бно** 편하다, 적당하다 | **ла́дно** 좋아, 알았어 | **договори́лись!** (우리) 약속했다!

흐름을 보면서 문장을 구성하는 노하우를 내것으로 만들어 보세요.

| 약속 제안 · 가능 여부 | Ты не хóчешь сегóдня пойти́ со мнóй в кинó? У тебя́ есть врéмя? Давáй пойдём вмéсте! У меня́ есть 2 билéта в кинó. |
|---|---|
| 약속 시간 · 장소 | Когдá (Во скóлько) ты мóжешь встрéтиться со мнóй? Где тебé удóбно? |
| 그 이후 계획 | Чем мы бýдем занимáться пóсле просмóтра фи́льма? У меня́ есть свобóдное врéмя и мы мóжем провести́ егó вмéсте. |

 모범 답변 & 해석

언제, 어디서나 쓸 수 있는 만능 표현들을 참고하면서 모범 답변을 살펴보세요.

**모범 답변**

Алло́! Привéт! Э́то Мáша. Как делá? Ты зáнят(á)? Ты не хóчешь сегóдня пойти́ со мнóй в кинó? У тебя́ есть врéмя? Давáй пойдём вмéсте! У меня́ есть 2 билéта в кинó. Когдá (Во скóлько) ты мóжешь встрéтиться со мнóй? Где тебé удóбно? Чем мы бýдем занимáться пóсле просмóтра фи́льма? У меня́ есть свобóдное врéмя и мы мóжем провести́ егó вмéсте. Лáдно. Договори́лись! До встрéчи! Покá!

**해석**

여보세요! 안녕! 나 마샤야. 잘 지내니? 너 바쁘니? 오늘 나랑 같이 영화관에 가지 않을래? 너는 시간이 있니? 함께 가자! 나에게 영화표 2장이 있어. 언제(몇 시에) 나와 만날 수 있니? 어디가 편하니? 영화 보고 나서는 우리 뭐 할까? 나는 시간이 좀 있어서 우리 함께 시간을 보낼 수 있어. 좋아, 약속했어! 이따 보자! 안녕!

**나만의 답변 만들기**

답변 전략과 모범 답변을 참고하여 나만의 답변을 구성하고, 연습해 보세요.

| | | |
|---|---|---|
| ☑ 첫 번째 연습 시간 Check! | 분 | 초 |
| ☑ 두 번째 연습 시간 Check! | 분 | 초 |

# Question 12. 롤플레이 2 약속(문제 해결 & 대안 제시)

## 해설 및 모범 답변 / set 2

### OPIc 러시아어 IM 강의 [27강]

**질문**

☑ Вам даётся проблéма, котóрую вы должны́ реши́ть. (Расскажи́те, пожáлуйста, как реши́ть дáнную проблéму.) Недáвно вы купи́ли билéты в кинó для себя́ и своегó дрýга. Но, к сожалéнию, у вас случи́лось чтó-то срóчное и вы не смóжете пойти́ в кинó. Позвони́те вáшему дрýгу, объясни́те э́ту ситуáцию и предложи́те 2-3 вариáнта решéния проблéмы.

**해석**

☑ 당신이 해결해야 할 문제가 주어집니다.(주어진 문제를 어떻게 해결해야 할지 이야기해 보세요.) 최근에 당신과 당신의 친구를 위해 영화표를 구매했습니다. 그러나 유감스럽게도 당신은 급한 일이 생겨 영화관에 갈 수 없습니다. 친구에게 전화해서 이 상황을 설명하고, 2~3가지 해결책을 제시하세요.

### 3단 콤보 분석

해당 질문이 어느 유형에 속하는지 파악해 보고, 연이어 나올 수 있는 3단 콤보 주제들까지 함께 살펴보세요.

| 질문/약속 | 문제 해결/대안 제시/부탁 | 경험 |
|---|---|---|
| 주어진 상황에서 직접/전화로 질문하기 | 주어진 상황에서 생긴 문제 해결하기/대안 제시하기/부탁하기 | 주어진 상황 관련 경험 이야기하기 |

### 시험장에 꼭 챙겨 갈 단어&표현

**нóвость** 소식, 뉴스 | **к сожалéнию** 유감스럽게도, 안타깝게도 | **срóчно** 긴급하게 | **надéяться** 바라다, 희망하다 |
**мóжет быть** 아마도 | **идéя** 아이디어, 생각

**답변 전략 수립**

**흐름을 보면서 문장을 구성하는 노하우를 내것으로 만들어 보세요**

| 문제 상황 설명 | К сожале́нию, в э́ти выходны́е меня́ сро́чно вызыва́ют на рабо́ту. Поэ́тому я не смогу́ пойти́ с тобо́й в кино́. |
|---|---|
| 본인의 대안 제시하기 | Но мы мо́жем пойти́ в кино́ в сле́дующие выходны́е! И́ли ты мо́жешь пойти́ туда́ в э́ти выходны́е с ке́м-то други́м. Тогда́ я отпра́влю тебе́ биле́ты. Как тебе́ бу́дет удо́бно? |
| 상대방 대안 · 해결책 묻기 | Мо́жет быть, у тебя́ есть други́е иде́и? Скажи́ мне, как ты хо́чешь сде́лать. |

 **모범 답변 & 해석**

**언제, 어디서나 쓸 수 있는 만능 표현들을 참고하면서 모범 답변을 살펴보세요.**

**모범 답변**

Алло́! Приве́т! Э́то Суджи́н. Как дела́? Извини́, но у меня́ плоха́я но́вость. К сожале́нию, в э́ти выходны́е меня́ сро́чно вызыва́ют на рабо́ту. Поэ́тому я не смогу́ пойти́ с тобо́й в кино́. Прости́ меня́, пожа́луйста! Наде́юсь, что ты понима́ешь мою́ ситуа́цию. Но мы мо́жем пойти́ в кино́ в сле́дующие выходны́е! И́ли ты мо́жешь пойти́ туда́ в э́ти выходны́е с ке́м-то други́м. Тогда́ я отпра́влю тебе́ биле́ты. Как тебе́ бу́дет удо́бно? Мо́жет быть, у тебя́ есть други́е иде́и? Скажи́ мне, как ты хо́чешь сде́лать. Жду твой отве́т. Пока́!

**해석**

여보세요! 안녕! 나 수진이야. 잘 지내니? 미안한데, 나 안 좋은 소식이 있어. 아쉽게도 이번 주말에 출근하라고 급하게 연락이 왔어. 그래서 너와 함께 영화관에 갈 수가 없어. 정말 미안해! 내 상황을 이해해 주길 바라. 하지만 다음 주말에 우리 같이 영화관에 갈 수 있어! 아니면 네가 다른 누군가와 이번 주말에 가도 좋아. 그럼 내가 너에게 영화표를 보내 줄게. 너는 어떤 게 편하니? 혹시 다른 생각이 있니? 네가 어떻게 하고 싶은지 나에게 말해 줘. 답장 기다릴게. 안녕!

**나만의 답변 만들기**

**답변 전략과 모범 답변을 참고하여 나만의 답변을 구성하고, 연습해 보세요.**

OPIc 러시아어 IM 강의

**질문**

☑ Расскажи́те, пожа́луйста, о ва́шем о́пыте. Вам когда́-нибу́дь приходи́лось отменя́ть встре́чу со свои́м дру́гом? Е́сли да, расскажи́те, что у вас случи́лось. Объясни́те, почему́ вам пришло́сь поменя́ть свои́ пла́ны.

**해석**

☑ 당신의 경험에 대해 이야기해 보세요. 언젠가 친구와의 약속을 취소해 본 적이 있나요?
만약 있다면, 무슨 일이 있었는지 말해 주세요. 왜 당신은 계획을 바꿀 수밖에 없었는지도 설명해 주세요.

## 3단 콤보 분석

해당 질문이 어느 유형에 속하는지 파악해 보고, 연이어 나올 수 있는 3단 콤보 주제들까지 함께 살펴보세요.

| 질문/약속 | 문제 해결/<br>대안 제시/부탁 | 경험 |
|---|---|---|
| 주어진 상황에서<br>직접/전화로 질문하기 | 주어진 상황에서 생긴<br>문제 해결하기/<br>대안 제시하기/부탁하기 | 주어진 상황 관련<br>경험 이야기하기 |

### 🔍 시험장에 꼭 챙겨 갈 단어&표현

**встава́ть** 일어나다 | **вы́полнить** 이행하다, 실시하다 | **обеща́ние** 약속 | **жа́лко** 아쉽다, 섭섭하다 |
**в сле́дующий раз** 다음번에 | **угости́ть** 대접하다

흐름을 보면서 문장을 구성하는 노하우를 내것으로 만들어 보세요.

| 일어난 시기 | Это бы́ло совсе́м неда́вно. Ме́сяц наза́д мы договори́лись вме́сте пойти́ в кино́. |
|---|---|
| 발생한 문제 설명 | Тогда́ я был(а́) о́чень за́нят(а́) на рабо́те, и в ито́ге в тот день я си́льно заболе́л(а). У меня́ была́ температу́ра и боле́ла голова́. Я да́же не мог(ла́) встава́ть с крова́ти. |
| 문제 해결 | Я позвони́л(а) друзья́м и сказа́л(а), что не смогу́ вы́полнить обеща́ние. К сча́стью, они́ хорошо́ по́няли мою́ ситуа́цию. Я пообеща́л(а) в сле́дующий раз угости́ть свои́х друзе́й у́жином в хоро́шем рестора́не. |
| 결과 · 나의 느낌 | Мне бы́ло жа́лко, что я не смог(ла́) пойти́ на встре́чу с ни́ми. |

언제, 어디서나 쓸 수 있는 만능 표현들을 참고하면서 모범 답변을 살펴보세요.

> **모범 답변**
>
> Я расскажу́ о том, как я отмени́л(а) встре́чу со свои́ми друзья́ми. Это бы́ло совсе́м неда́вно. Ме́сяц наза́д мы договори́лись вме́сте пойти́ в кино́. Но тогда́ я был(а́) о́чень за́нят(а́) на рабо́те, и в ито́ге в тот день я си́льно заболе́л(а). У меня́ была́ температу́ра и боле́ла голова́. Я да́же не мог(ла́) встава́ть с крова́ти. Я позвони́л(а) друзья́м и сказа́л(а), что не смогу́ вы́полнить обеща́ние. Мне бы́ло жа́лко, что я не смог(ла́) пойти́ на встре́чу с ни́ми. К сча́стью, они́ хорошо́ по́няли мою́ ситуа́цию. Я пообеща́л(а) в сле́дующий раз угости́ть свои́х друзе́й у́жином в хоро́шем рестора́не.

제가 친구들과의 약속을 취소했던 상황에 대해 이야기해 드릴게요. 아주 최근 일이었어요. 1달 전에 우리는 함께 영화관에 가기로 약속했어요. 그런데 당시에 저는 회사일로 매우 바빴고, 결국 약속한 날에 심하게 아팠습니다. 열이 났고, 머리도 아팠습니다. 심지어 저는 침대에서 일어날 수도 없었습니다. 저는 친구들에게 전화해서 약속을 지키지 못할 것 같다고 말했습니다. 친구들과의 만남에 가지 못해서 저는 아쉬웠습니다. 다행히도 친구들은 제 상황을 잘 이해해 주었어요. 저는 다음 기회에 좋은 식당에서 친구들에게 저녁을 대접하기로 약속했습니다.

 ## 나만의 답변 만들기

**답변 전략과 모범 답변을 참고하여 나만의 답변을 구성하고, 연습해 보세요.**

☑ **첫 번째 연습 시간 Check!**    분    초
☑ **두 번째 연습 시간 Check!**    분    초

# 해설 및 모범 답변 / set 2

## Question 14. 기본+롤플레이 거주지
### (자신이 좋아하는 방 설명)

 **OPIc 러시아어 IM 강의**

`4강`

**질문**

☑ Опишѝте, пожа́луйста, ва́шу люби́мую ко́мнату.

☑ Кака́я ва́ша люби́мая ко́мната в ва́шем до́ме?

☑ Расскажи́те мне, пожа́луйста, о ва́шей люби́мой ко́мнате.

**해석**

☑ 당신이 좋아하는 방을 묘사해 보세요.

☑ 당신의 집에서 좋아하는 방은 어디입니까?

☑ 당신이 좋아하는 방에 대해 이야기해 주세요.

 **3단 콤보 분석**

해당 질문이 어느 유형에 속하는지 파악해 보고, 연이어 나올 수 있는 3단 콤보 주제들까지 함께 살펴보세요.

| 묘사 | 변화 | 경험 |
|---|---|---|
| 본인의 집 묘사, 좋아하는 방 묘사 | 과거와 현재의 집 비교, 최근의 집안 내부 변화 | 집/동네에서 일어난 기억에 남는 경험, 이웃과의 관계/친해진 경험 |

**시험장에 꼭 챙겨 갈 단어&표현**

уютный 아늑한, 안락한 | у́гол 구석, 모퉁이 | стоя́ть 서 있다 | висе́ть 걸려 있다 | напро́тив + 생격 ~ 맞은편에 | лежа́ть 놓여 있다, 눕다 | поку́пка 구매, 쇼핑 | снять стресс 스트레스를 풀다

 **답변 전략 수립**

흐름을 보면서 문장을 구성하는 노하우를 내것으로 만들어 보세요.

| 방 크기 · 분위기 | Она́ небольша́я, но ую́тная. И она́ мне о́чень подхо́дит. |
|---|---|
| 방에 있는 가구, 물건 | В углу́ ко́мнаты стоя́т пи́сьменный стол, стул и кни́жный шкаф. Сле́ва от шка́фа виси́т на́ша семе́йная фотогра́фия. Напро́тив стола́ стои́т крова́ть. |
| 방에서 하는 일 | Когда́ я лежу́ на крова́ти, я слу́шаю му́зыку, смотрю́ телесериа́лы и де́лаю поку́пки в интерне́те. В ко́мнате мо́жно де́лать то, что я хочу́. |
| 나의 느낌 | Э́то помога́ет мне снять стресс и почу́вствовать себя́ споко́йно. Мне нра́вится моя́ ко́мната. |

 **모범 답변 & 해석**

언제, 어디서나 쓸 수 있는 만능 표현들을 참고하면서 모범 답변을 살펴보세요.

모범 답변

Я хочу́ рассказа́ть о свое́й люби́мой ко́мнате. Она́ небольша́я, но ую́тная. И она́ мне о́чень подхо́дит. В углу́ ко́мнаты стоя́т пи́сьменный стол, стул и кни́жный шкаф. Сле́ва от шка́фа виси́т на́ша семе́йная фотогра́фия. Напро́тив стола́ стои́т крова́ть. Э́то са́мое люби́мое ме́сто в мое́й ко́мнате. Когда́ я лежу́ на крова́ти, я слу́шаю му́зыку, смотрю́ телесериа́лы и де́лаю поку́пки в интерне́те. В ко́мнате мо́жно де́лать то, что я хочу́. Э́то помога́ет мне снять стресс и почу́вствовать себя́ споко́йно. Мне нра́вится моя́ ко́мната.

제가 좋아하는 방에 대해 이야기해 드릴게요. 방은 크지 않지만, 아늑해요. 그래서 그 방은 저에게 매우 적당합니다. 방 구석에는 책상, 의자, 책장이 있습니다. 책장(의) 왼쪽에는 우리 가족사진이 걸려 있습니다. 책상 맞은편에는 침대가 있어요. 바로 여기가 제 방에서 가장 좋아하는 장소입니다. 침대에 누워서, 음악을 듣고, TV 드라마를 보고 인터넷 쇼핑도 합니다. 방에서는 제가 하고 싶은 것을 모두 할 수 있습니다. 그래서 스트레스도 풀리고, 편안하다고 느낍니다. 저는 제 방이 좋습니다.

## 나만의 답변 만들기

**답변 전략과 모범 답변을 참고하여 나만의 답변을 구성하고, 연습해 보세요.**

☑ **첫 번째 연습 시간 Check!** 　분　　초

☑ **두 번째 연습 시간 Check!** 　분　　초

🎧 **OPIc 러시아어 IM 강의**

24강

**질문**

☑ Я живу́ в го́роде Москва́. / У меня́ есть дом в го́роде Москва́.
Зада́йте мне 3-4 вопро́са о ме́сте, в кото́ром я живу́.

**해석**

☑ 저는 모스크바에 살고 있습니다. / 저는 모스크바에 집이 있습니다.
제가 사는 곳에 대해 3~4가지 질문을 해 주세요.

📖 **만능 템플릿**

**롤플레이 유형에서 질문을 할 때 어떠한 흐름으로 내용을 구성하는 것이 좋을지 아래 박스를 참고하여 생각해 보세요.**

| 시작 | 본문 | 마무리 |
|---|---|---|
| 질문 준비 멘트 | 질문1, 질문2, 질문3 | 마치는 말 |

🔍 **시험장에 꼭 챙겨 갈 단어&표현**

**зада́ть вопро́с** 질문하다 | **кварти́ра** 아파트 | **ча́стный дом** 단독 주택 | **дома́шние живо́тные** 반려동물

**답변 전략 수립**

흐름을 보면서 문장을 구성하는 노하우를 내것으로 만들어 보세요.

| 집 위치 · 집 크기 | Во-пе́рвых, где нахо́дится ваш дом? В како́м райо́не? Вы живёте в кварти́ре и́ли в ча́стном до́ме? Ско́лько ко́мнат в ва́шем до́ме? |
|---|---|
| 함께 사는 사람 · 반려동물 | Во-вторы́х, вы живёте одна́ и́ли со свое́й семьёй? У вас есть дома́шние живо́тные? |
| 집 주변 분위기 · 편의 시설 | Расскажи́те, пожа́луйста, что есть о́коло ва́шего до́ма. Есть ли метро́ и́ли авто́бусные остано́вки о́коло ва́шего до́ма? Каки́е магази́ны там есть? |

 **모범 답변 & 해석**

언제, 어디서나 쓸 수 있는 만능 표현들을 참고하면서 모범 답변을 살펴보세요.

**모범 답변**

Хорошо́. Я хочу́ зада́ть вам вопро́сы о ме́сте, в кото́ром вы живёте.

Во-пе́рвых, где нахо́дится ваш дом? В како́м райо́не? Вы живёте в кварти́ре и́ли в ча́стном до́ме? Ско́лько ко́мнат в ва́шем до́ме? Во-вторы́х, вы живёте одна́ и́ли со свое́й семьёй? У вас есть дома́шние живо́тные? А тепе́рь расскажи́те, пожа́луйста, что есть о́коло ва́шего до́ма. Есть ли метро́ и́ли авто́бусные остано́вки о́коло ва́шего до́ма? Каки́е магази́ны там есть? Это всё. Спаси́бо вам.

**해석**

네 좋아요. 저는 당신이 사는 곳에 대한 질문을 하겠습니다. 첫 번째로, 당신의 집은 어디에 위치하나요? 어떤 동네입니까? 당신은 아파트에 사나요, 아니면 단독 주택에 사나요? 방은 몇 개입니까? 두 번째로, 당신은 혼자 사나요, 아니면 가족과 함께 사나요? 당신은 반려동물이 있습니까?
이제 당신의 집 근처에 무엇이 있는지 이야기해 주세요. 집 근처에 지하철이나 버스 정류장이 있습니까? 어떤 상점들이 있나요? 제 질문은 여기까지입니다. 감사합니다.

 **나만의 답변 만들기**

**답변 전략과 모범 답변을 참고하여 나만의 답변을 구성하고, 연습해 보세요.**

| | | |
|---|---|---|
| ☑ 첫 번째 연습 시간 Check! | 분 | 초 |
| ☑ 두 번째 연습 시간 Check! | 분 | 초 |

1. _____ , я о́чень общи́тельный челове́к.

제 성격에 관해 말씀 드리자면 저는 아주 사교성이 좋은 사람입니다.

2. У нас в Коре́е есть _____ .

한국에는 다양한 대중교통 수단이 있습니다.

3. _____ , мно́гое измени́лось.

과거와 비교해 보면 많은 것이 바뀌었습니다.

4. _____ , я люблю́ е́здить на метро́.

제가 이미 말씀 드린 대로 저는 지하철을 타고 다니는 것을 좋아합니다

5. Когда́ я смотрю́ фи́льмы в э́том кинотеа́тре, _____ .

이 극장에서 영화를 볼 때 저는 매우 편안하다고 느낍니다.

6. Обы́чно я хожу́ в кинотеа́тр _____ с мои́м дру́гом.

저는 보통 한 달에 두 번씩 친구와 함께 영화관에 갑니다.

7. Ду́маю, что для спо́рта э́то _____ .

저는 운동하는 데 있어 이 장소가 저에게 아주 적합하다고 생각합니다.

8. _____ де́лаю разми́нку.

그때 이후로 저는 반드시 준비 운동을 합니다.

9. _____ со свои́ми друзья́ми.

제가 친구들과의 약속을 취소했던 상황에 대해 이야기해 드릴게요.

10. В ко́мнате _____ .

방에서는 제가 하고 싶은 것을 모두 할 수 있습니다.

---

**정답** 1. Что каса́ется моего́ хара́ктера  2. ра́зные ви́ды обще́ственного тра́нспорта  3. По сравне́нию с про́шлым  4. Как я уже́ сказа́л(а)  5. я чу́вствую себя́ о́чень комфо́ртно  6. 2 ра́за в ме́сяц  7. ме́сто мне о́чень подхо́дит  8. С тех пор я обяза́тельно  9. Я расскажу́ о том, как я отмени́л(а) встре́чу  10. мо́жно де́лать то, что я хочу́

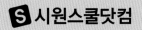